建築実務テキスト
建築の快適性診断

野城智也・馬郡文平　著
安孫子義彦

市ケ谷出版社

まえがき

　この本は，建築の住み心地や使い心地を診断し，その改善手段を検討していただくための技術的な手がかりを提供することを目的に編まれたものです。

　建築の住み心地，使い心地は，
　　・窓・開口部，壁，屋根，床など，建築の各部位の構法やその使われ方
　　・配管・配線を含む建築設備の状況やその使われ方
などさまざまな技術的要因によって左右されます。

　建物に住む人や使う人が，寒い・暑いという不快感を抱く要因はいろいろあります。その要因を的確に把握しないと，的外れな対策を施してしまい，貴重なお金をかけたのにさほど改善効果があらわれない，という気の毒な状況が生まれてしまう恐れがあります。

　このような事態を避け，技術者が，住まい手・使い手に感謝されるような対策を施すことができるようになるためには，住み心地や使い心地を分析評価し，その原因を特定していく診断技術（Building Diagnosis）が必要になります。

　しかし，いままで，一般の技術者を対象にした診断技術に関するテキストは，ほとんどありませんでした。建築ストックの時代になったといわれて久しいのにもかかわらず，こうした基本的なテキストがないことは，ゆゆしきことです。

　そこで，建築設備を専門とする安孫子，建築環境を専門とする馬郡，構法を専門とする野城が分担し，建築の住み心地，使い心地を総合的に診断するための技術に関する基本テキストを執筆することにしました。

　建築が一旦できあがってしまうと，構法も，設備も，その中身がわかりません。幸いにして近年は技術が進歩し，人の五感だけでは検知できないような状況を推定するためのセンサー類や測定機器は急速に発達し，しかも低廉化しています。30年前は1千万円近くした赤外線カメラよりもはるかに分解能の高い赤外線カメラが，数万円未満で一般店やネットで入手できるようになっています。本書は，こうした近年のセンシング・測定技術の進歩や汎用化を踏まえています。

　本書が活用され，住み心地，使い心地を評価し，その原因を特定する精度が高まり，建築がよりよく使われ保全され，人々の住み心地や使い心地が継続的に改善されていく一助となれば幸いです。

　平成28年11月　　　　　　　　　　　　　　　　　　　　　　　　　　　野城　智也

建築の快適性診断　環境・設備保全の基礎知識

目　次

序章　住まい手・使い手目線で環境・設備を見つめ直す ……………………………………1
　（1）　建築の性能の本来の在り方 ……………………………………1
　（2）　住まい手・使い手は本当に快適なのか？ ……………………1
　（3）　設計意図と現実のギャップ ……………………………………2
　（4）　使い方を工夫して，ギャップを埋めていくことも技術者の役割 …………3
　（5）　ギャップを埋める仕事の重要性 ………………………………4
　（6）　建築ストックを使いこなしていく時代 ………………………4
　（7）　いま，どのような技術が求められているのか？ ……………5
　（8）　使用価値を推測するための技術 ………………………………6
　（9）　建築・設備を診る技術 …………………………………………7
　（10）　「逆・転写」技術 ………………………………………………7
　（11）　建築モノづくり　から　建築モノづくり・コトづくり　へ …………8
　（12）　本書の構成 ……………………………………………………9
　（13）　本書の使い方 …………………………………………………11

第1部　建築環境を診る

概　説 ………………………………………………………………………14

第1章　温熱環境を見つめ直す（基本事項）
　1-1　床・壁・天井からの放射を調べる ……………………………18
　1-2　各部位の断熱性能を調べる ……………………………………20
　1-3　窓の熱性能を調べる（窓際の暑さ・寒さをチェック）……22
　1-4　建物の熱負荷の抑制状況を診る ………………………………24
　　コラム1　ダブルスキンの事例 …………………………………25
　1-5　日射利用・抑制の効き方を診る ………………………………26
　　コラム2　外壁ルーバーの事例 …………………………………27
　1-6　外壁・屋根からの熱エネルギーのむだを把握する …………28
　1-7　すき間からの漏れを診る ………………………………………30
　　コラム3　C値の計測 ……………………………………………31

第2章　温熱環境を見つめ直す（単位空間）

　　1-8　部屋の「暑さ」・「寒さ」を診る ……………………………………………32
　　1-9　玄関の「暑さ」・「寒さ」を診る（玄関からの冷気をチェック）…………34
　　　コラム4　玄関扉の改修事例 ……………………………………………………35
　　1-10　床下の断熱と気密を診る ………………………………………………………36
　　1-11　ピロティ・吹抜け空間・屋根の断熱を診る …………………………………38
　　1-12　オフィス空間の快適性を診る …………………………………………………40

第3章　空気環境を見つめ直す

　　1-13　結露の有無を診る ………………………………………………………………42
　　1-14　カビ発生の有無を調べる ………………………………………………………44
　　1-15　自然風の取り込み／換気システムの有効性を診る …………………………46
　　1-16　機械換気の有効性を診る ………………………………………………………48
　　1-17　ホルムアルデヒドとVOCを診る ………………………………………………50

第4章　光環境を見つめ直す

　　1-18　よく見えるかを診る（照度，グレアをチェック）……………………………52
　　1-19　屋根・外壁の色を診る（熱をむだにする色がないかをチェック）…………54
　　1-20　照明の機能と配置を診る ………………………………………………………56
　　1-21　光環境の演出効果を診る ………………………………………………………58
　　1-22　コンセントの機能と配置を診る ………………………………………………60
　　1-23　ショーウィンドウ・看板の明るさ感を診る …………………………………62

第5章　音環境を見つめ直す

　　1-24　音環境を診る ……………………………………………………………………64
　　1-25　遮音性能を診る …………………………………………………………………66

第6章　水環境・土壌環境を見つめ直す

　　1-26　水環境を診る ……………………………………………………………………68
　　1-27　地下水の利用を診る ……………………………………………………………70
　　1-28　土壌汚染を診る …………………………………………………………………72

建築環境のチェックシート ……………………………………………………………74

第2部　設備の働きと配管の保全状態を診る

概説 …………………………………………………………………………………………78

第1章　設備の働きを見つめ直す

- 2-1　設備の性能を判断する数値を知る……………………………………………80
- 2-2　使われている設備の耐用年数から寿命を診る………………………………82
- 2-3　エアコンの性能・効き方を診る………………………………………………84
- 2-4　24時間換気が機能しているかを診る…………………………………………86
  - コラム1　局所換気風量の目安……………………………………………87
- 2-5　熱交換換気扇が機能しているかを診る………………………………………88
- 2-6　レンジフードが機能しているかを診る………………………………………90
- 2-7　浴室換気扇が機能しているかを診る…………………………………………92
- 2-8　水道水の水質の確保を診る……………………………………………………94
  - コラム2　給水に色がつくのはなぜ………………………………………95
- 2-9　非常時の生活用水確保の可能性を診る………………………………………96
- 2-10　節水型便器の節水効果を診る…………………………………………………98
- 2-11　排水トラップが機能しているかを診る………………………………………100
- 2-12　給湯システムの熱源と配管方式を確認する…………………………………102
- 2-13　ガス給湯器の安全性を診る……………………………………………………104
- 2-14　新しい省エネ型給湯器を診る…………………………………………………106
  - コラム3　エネファームの仕組み…………………………………………107

第2章　配管設備の保全を見つめ直す

- 2-15　配管系統から設備の概要を診る（オフィス）………………………………108
- 2-16　配管系統から設備の概要を診る（マンション・戸建住宅）………………110
  - コラム4　ディスポーザ配管………………………………………………111
- 2-17　使用されている管材から配管の劣化部位を診る……………………………112
- 2-18　配管図を読んで，配管と建築のかかわりを診る……………………………114
- 2-19　専有配管と共用配管の区分を診る……………………………………………116
- 2-20　設備配管からの漏水を診る……………………………………………………118
- 2-21　排水通気管が機能しているかを診る…………………………………………120
- 2-22　共用排水管からの騒音を診る…………………………………………………122
- 2-23　機器からのドレン排水の機能を診る…………………………………………124
- 2-24　排水管をどのように清掃するかを診る………………………………………126
- 2-25　新排水方式を選ぶ（ポンプ圧送方式，サイホン排水方式）………………128

第3章 配管の老朽化現状を見つめ直す

- 2-26 配管の劣化兆候を診る（集合住宅）……………………………………130
- コラム5 劣化兆候が観察された後の対処の仕方……………………………131
- 2-27 配管劣化の診断方法を検討する……………………………………………132
- 2-28 非破壊検査手法を検討する…………………………………………………134
- 2-29 給水管の劣化診断のポイントを確認する…………………………………136
- 2-30 排水管の劣化診断のポイントを確認する…………………………………138
- コラム6 推定残存寿命の計算…………………………………………………139
- 2-31 冷温水管・冷却水管の劣化診断のポイントを確認する…………………140

設備配管のチェックシート……………………………………………………………142

第3部　エネルギー使用量を診る

概説 ……………………………………………………………………………………144

- 3-1 エネルギー使用量の計り方を知る………………………………………148
- 3-2 エネルギー使用量分析の概要を知る……………………………………150
- 3-3 エネルギー使用量の概要を分析する（研究キャンパスの事例）………154
- 3-4 ピーク電力の抑制状況の分析をする……………………………………156
- 3-5 ビル用途別の電力使用量の特性を知る…………………………………158
- 3-6 エネルギー使用量の季節パターンを診る（研究棟，オフィス利用の事例）………160
- 3-7 照度制御による省エネルギーの効果を検証する(コンビニエンスストア照明の事例)……………………………………………………………………………161
- 3-8 事務所ビルのエネルギー性能を診る（オフィスビルの事例）…………162
- 3-9 小売商業の快適性・エネルギー性能を診る（コンビニエンスストアの詳細事例）…164

索　引………………………………………………………………………………167

付録　診断用計測機器リスト ……………………………………………………171

序章　住まい手・使い手目線で環境・設備を見つめ直す
―「あなたの建築がどのように働いているか」を調べるための入門書―

(1)　建築の性能の本来の在り方

　人は厳しい自然環境のなかで，さまざまな危険から身を守り，雨露を凌ぎ，暖や冷をとるために建築というシェルターを造り，文明を築き上げてきました。本来，人に安らぎと快適さをもたらすために作られた建築が，人にストレスを与えたり，その安全を脅かす存在になりはじめたとしたら，それは誠に皮肉なことです。

　私たちは，文明を築いたいにしえの人々の動機に立ち返って，自らにとって心地よいように使いこなしていく術（すべ）を取り戻していかなければなりません。

　いにしえの人々は自ら建築づくりにかかわっていたと思われます。その結果，どのように作れば，どのような居住性の建築ができるのか想像できるような身体感覚をもっていたのでありましょうし，それだけに，住まい方・使い方もいろいろ工夫していたと推察されます。

　一方，多くの現代人にとっては，建築は作り手にお願いして作ってもらうものとなっています。しかも建築の作り手は，個人ではなく分業化された組織となり，多くの人がかかわっています。建築にかかわる工学は発展し，作り上げる建築の性能を精度高く予測できるようになっています。しかし分業された作り手のなかで，建築が全体的にはどのように機能しているのか，そのイメージを身体感覚をもって描ける人は減ってしまっています。

　誰が建築の機能を調整しているのか，あるいはそもそもいないのか，見えなくなってきているのです。

(2)　住まい手・使い手は本当に快適なのか？

　建築設備は，英語では**ビルディング・サービス**（building services）といいます。その言葉には，建築における居心地のよさ，快適さ，便利さなどの「サービス」を，私たちに提供してくれるものという意味が込められているように思われます。

　では，住まい手や使い手は，満足な「サービス」を受け取っているでしょうか？言い換えれば，住まい手や使い手は，本当に快適に過ごしているのでしょうか？

　例えば，次のようなケースが皆さんの周辺にはありませんか？

- 窓ガラスからの熱放射でふらふらする人がいる一方で，夏なのに毛布を手放せない人が一隅にいるオフィス ⇐ これは，部屋のなかの温度分布が一様ではなく大きな差異があり，しかもそれぞれの人にとっての体感温度の違いから起きている悲劇です。

図 1 温度分布のバラツキ，体感温度の違い（作画：稲垣敬子）

- 居室と浴室の間に温度差のある住宅 ⇐ これは，動脈硬化が進んだ高齢者にとっては，急な健康障害が起きかねない危険な状態です。
- 劣化した給水管を経由してきた水を飲む生活 ⇐ 飲料水は健康のもとなのにもかかわらずです。
- いろいろ我慢してスイッチを切るのに，一向に減らないエネルギー使用量 ⇐ 熱中症になるくらいに頑張っているのに，実は見えないむだが手つかずのために，光熱費は一向に安くなっていません。

等々

　これらのケースのように，不便を通り越して，人間としての尊厳や健康を脅かしかねないことが，私たちの身の回りで起きていることがあります。同じ建築設備であれば同じ機能を発揮していると考えられがちですが，実際には住まい手・使い手の皆さんが享受している性能・サービスの内容には随分差異があることを，私たち建築技術者は意識しないといけません。

(3) 設計意図と現実のギャップ

　もちろん，建築設計者は，建築の快適性が損なわれているという，ゆゆしき状況が生じることを意図しているわけではありません。むしろ，居心地のよい環境を作り出そうとたえまない努力を払ってきたのです。しかしながら，設計意図と現実の居心地との間で，次のようなギャップが生じてしまっているように思われます。

　① 期待機能に関するギャップ　設計時点では想定していなかった使われ方がされているため，住まい手・使い手からみて不便（＝機能上不満足）である。

② 性能水準に関するギャップ　経年劣化により性能が低下してくる一方で，その性能に関する要求水準が年々高まっているため，住まい手・使い手からみて居心地が悪く感じられる。

③ 陳腐化によるギャップ　設計時点では想定できなかった新機能や便利さをもった設備が普及したため，住まい手・使い手からみて，自分が使っている設備が時代遅れに感じられる。

④ エネルギー使用量のギャップ　節電などの努力を払っているにもかかわらず，結果をみるとエネルギーをがつがつ使ってしまっている。

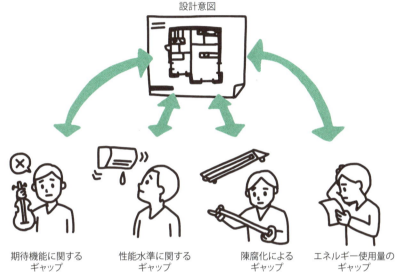

図2　設計意図と現実のギャップ（作画：稲垣敬子）

(4) 使い方を工夫して，ギャップを埋めていくことも技術者の役割

　快適性を損なう原因となる上記①〜④のようなギャップに，いままでは，技術者の関心があまり払われてこなかったように思われます。それは，後述するように，わが国における建物では，新築活動が盛んで，ほとんどの技術者は新築の仕事で手一杯であったことにもよると思われます。また仮に，①〜④のようなギャップが認識できたとしても，改修工事でそのギャップを埋めればよいと考えられてきたふしもあります。

　建替えや改修をしなければギャップは放ったらかしというのは，随分乱暴な話です。多くの住まい手・使い手からみれば，新築したり，おおげさに改修しなくても使い方を工夫して好ましい性能・サービスが得られるのであればそれにこしたことはないはずです。実際，多くの住まい手・使い手は，日々の使い方を工夫して何とか心地よい**使用価値**を引き出そうと試行錯誤を繰り返しています。「**建築やその設備を賢く使うこと**」に，技術者が専門家として手助けをする大いなる意義と可能性が，そこに眠っているのです。

とはいうものの，建築技術者に対する教育は，建築を作るための知識・技術に重点がおかれてきました。設計意図と現実とのギャップを埋めて，住まい手・使い手が自らに必要な機能やサービスを建築から引き出してもらうための知識や技術については，必ずしも十分には教えてこられなかったように思われます。

(5) ギャップを埋める仕事の重要性

わが国の状況をみると，ギャップを埋める仕事は，ますます重要になっているように思われます。いま，わが国は，新築一辺倒のフロー社会から，既存の建築を使い回すことに重点をおいたストック社会に移行しつつあります。

これまでわが国は，建築ストックを蓄積させてきました。2014年時点で，**総量で約88億 m^2** の建築ストックが存在しています。前の東京オリンピックの年（1964年）のストック総量が約 **25億 m^2** であったことを考えると，半世紀の間に3倍以上増加させたことになります。

しかし，空き家や，人気の少ないシャッター街が目立ち始めていることを考慮すると，これからは，建築ストック総量が飛躍的に増えるとは考えられません。実際，中長期的にみれば，建築の新築活動のボリュームは縮小しています。いまは，新築量の半分程度しか建築ストック総量は増えていません。新築といっても建替えの比率が増えているのです。建築ストック総量を増加させていくという需要は弱まり，機能や用途変更を動機とする需要が主になっていると思われます。

(6) 建築ストックを使いこなしていく時代

住宅・建築は，物理的に劣化・陳腐化していきます。しかし，建替えという手段だけで，間尺をあわせていこうとすることにはむりがあります。図3は，新築量 F と建築ストック量 S の**ストック・フロー比率** S/F の推移を示しています。

1970年ころは，ストック・フロー比率 S/F は15を下回っていました。仮に新築活動すべてを建替えに振り向ければ，15年もかからずに，そのすべての建替えが完了するような状況でした。一方，2010年には S/F は70を上回っています。これは，仮に，新築能力のすべてを建替えに振り向けても，すべての建築を置き換えるには70年以上かかるということを示しています。

このことは，今日の要求条件にあわない（間尺にあわない）既存建物があるから，建て替えればよいという考え方が，もはや有効ではないことを示唆しています。わが国にたまりにたまった建築ストックの量は膨大で，建築生産能力（技能・技術者数，施工管理技術者数，設計技術者数，投資能力など）の現状を考えると，だましだまし使っていかなければならない建築が今後さらに増加していくのです。これらのことは，建替えだけでなく，住まい方・使い方の工夫（運用改善）や，改修で望ましい機能・性能を実現していく必要

図3 ストック・フロー比率 S/F の年次別推移
（出典：Stock; 固定資産の価格等の概要調査　Flow; 建築着工統計）

が高まっていることを示しています。

だましだまし使っていく潜在需要の拡大こそが，ストックの時代といわれている時代の実相なのです。

(7)　いま，どのような技術が求められているのか？

だましだまし建築を使って少しでも快適性を向上させていくためには，どのような技術が必要なのでしょうか？まさにその技術の基本を学んでいくことがこの本の主題です。それは，「住宅・建築がどのような状態にあって，どのような働きをしているのかを分析し，建築や設備の状態やそこで起きているコトを推定していく技術」です。

ストックの時代には，住まい手・使い手の困りごとを特定し，その解決策を提供することが，建築技術者にとって大事な仕事になっているのです。

フロー（新築）の時代では，住宅・建築というモノを引き渡すことで請負代金が支払われ，経済取引が成立していました。住宅・建築というモノが雨漏りせず，スイッチを押したり，何らかの操作をすることで意図したように動きさえすれば瑕疵がないとされ，技術者は役割を果たしているとされてきました。

一方，ストックの時代では，住まい手・使い手にとっての快適性（使い心地，居心地）——堅い言葉でいえば**使用価値**——を提供することが，経済取引の基盤であり出発点になっていきます。そのためには，それぞれの建築の生の現場に立って，住まい手・使い手の目線から見て，「建築が，どのように機能しているのか？」を把握していくことが求められるのです。

ここで重要なことは，使用価値はそれぞれの住まい手・使い手によって決まってくるということです。仮に，同じ物理的状態が提供されていたとしても，それぞれの人の身体感覚や快適域の相違や，場合によっては価値観によって，受け取る使用価値は異なってきます。

図4は，住まい手・使い手にとっての使用価値を図式化しています。私たちは，開け閉めをしたり，スイッチを押すなど，何らかの操作をして住宅・建築の機能や働きを引き出しています。ここで個人差があらわれるのは，① その操作方法の違い（＝住宅・建築の使い方の違い）によるだけでなく，② 身体感覚の相違や価値観などによる住まい手・使い手の受取り方の違いによります。

だましだまし使って快適性を向上させていくためには，この住まい手・使い手にとっての使い心地，居心地を把握し，推測するための方法・技術が求められているのです。

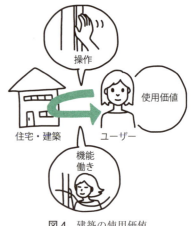

図4 建築の使用価値
（作画：稲垣敬子）

(8) 使用価値を推測するための技術

だましだまし建築ストックを使いこなしていく「ストックの時代」においては，「建築が，どのように機能しているのか？」を分析し推測する知識や技術は，建築技術者にとって必須になるといっても過言ではありません。

しかし前に述べたように，現在の全国の大学・高等専門学校などで，この技術を教えているところは決して多くないように思われます。そもそも，この技術を俯瞰的にまとめた入門書すらないといっても過言ではありません。

本書は，こうした背景をふまえて，

建築が，どのように機能しているのか？

を分析し推測する技術に関する基礎的知識を学ぶことを目的に編まれています。

いままでは，建築を使いこなすのは，もっぱら，住まい手・使い手が行うことであると思い込まれてきました。しかし，専門家と住まい手・作り手が相互に関与しあうことによって，よい住み心地，使い心地が生み出されていく共創のプロセスが重要視されはじめています。このことは，建築技術者が活躍する領域も飛躍的に拡大していることを意味します。そのためには，建築が現実にどのように機能していて，快適性を向上させるにはどのようにすればよいのか情報を集めて分析し，改善策を策定し実行していかなければなりません。

「建築が，どのように機能しているのか？」を把握・推測する技術は，医師がさまざまな方法で私たちの身体や精神の状況を把握・推測する行為に似ています。つまり，建築・設備を診断する，「建築・設備を診る」という技術になります。

(9) 建築・設備を診る技術

　建築の中身を診ることはできません。医師がさまざまな手段を使って身体の中で起きていることを推測するように，建築・設備を診るためにはさまざまな手段が使われます。

　建築・設備の物理的な成り立ちを調べるには，図面情報などの収集に加えて，さまざまな画像データが使われます。写真はもちろんのこと，三次元スキャナーや内視鏡が使われることもあります。さらには，打診など音響データから中身を推測することもあります。また，建築・設備に残された標識情報も大事な手掛かりです。建築・設備の働き方を調べるために，図面や仕様書などに加えて，実際に目視で観察をしたり，さまざまなセンサーを用いて計測したり，あるいは赤外線カメラなどを用いて表面温度を測ったりします。

　具体的な方法は，本文で解説していきますが，こうした「建築・設備を診る」技術は，日々進化し，その費用も低廉化しています。例えば，まえがきでも述べたように，赤外線サーモスタットやその画像解析ソフトは30年前は1千万円近くと，とても一般の建築現場では用いることができませんでした。しかし，いまや赤外線カメラは数万円までに低廉化し，ついにはスマートフォンのなかにハード・ソフト込みで格納されようとしています。また従前は，赤外線カメラでは単に壁の表面温度だけが測れていたのですが，解像度も飛躍的に向上し，いまや材料の劣化状態の把握や，クラックの解析まで手軽にできるようになってきています。建築・設備を診る技術，すなわちインスペクションの技術は日進月歩といってよいと思います。

　本書では，こうした技術の入門書として，全貌をできるだけ幅広く紹介していきます。

(10) 「逆・転写」技術

　新築の仕事は更地の手当てからはじまります。そのプロセスは，ときどき起こる手戻りを除けば，図5に示すように，設計情報を作成し，その設計情報の内容を部材製造，施工など建築生産のプロセスを通じて，建築という人工物に「転写」し実現していくというもので，基本的には一直線のプロセスとみなすことができました。

図5　新築工事のプロセス（作画：稲垣敬子）

　ストックの時代に至り，フローの時代とは異なる建築の仕事の進め方があらわれてきます。そのプロセスは，図6のように表現することができます。資料を集めたり，現地調査をしたり，センサー・機器を用いて計測をしたりすることによって，建築が実際にどのように機能しているのかを調べていくことになります。調べた結果は，図面，図表，画像，

ディジタル・データ，テキストなどさまざまな形式の情報（図6における運用特性情報）になっていきます。これは人工物である建築から情報が抽出されるとみることができ，図5とは逆向きの方向に情報が流れます。こうした図5とは逆の流れを，人工物からの情報の「**逆・転写**」と呼ぶことにします。

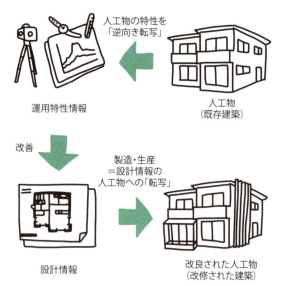

図6　ストック時代における建築の仕事の進め方
（作画：稲垣敬子）

図6に示すように，「逆・転写」で得られた建築の運用特性情報をもとに，改善策が検討され，改築・改修のための設計情報が作られます。その設計情報をもとに改修工事が行われますが，これは図5と同様に，設計情報の人工物への「転写」ということになります。この一連の流れで最も重要なことは，「建築が，どのように機能しているのか？」をまず把握することで，「逆・転写」をするために建築を診る技術です。

快適性診断のために，建築を診る技術とは，まさに図6の「情報を逆・転写する技術」が出発点になります。

(11)　建築モノづくり　から　建築モノづくり・コトづくり　へ

ストック社会では，既存建築が仕事の対象となり，暮らし方・使い方も，個々別々である住まい手・使い手と，現実の建築の機能との間に生じているギャップを埋めていくことから建築技術者の仕事がすすみます。そのプロセスは，図7に示すように，建築の作り手（設計者，施工者，材料・設備製造者）と住まい手・使い手との間で情報を繰り返しやりとりしながら，建築の使い方を工夫したり，改修工事によって建築の物理的条件を変更したりして，住まい手・使い手にとって好ましい建築機能を作り込んでいく循環的プロセスです。

これは，前述のように，作り手と使い手が互いにやりとりをしながら使用価値を創り上げていく「**共創**」のプロセスであると見なすことができます。ただ，現実に建築がどのよ

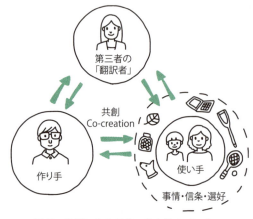

図7　共創による価値の作り込みプロセス
（作画：稲垣敬子）

うに機能し（働い）ているのか，作り手にはなかなかわかりません。そこで，作り手とは別に，建築の機能・働きの現状を診て，住まい手・使い手が，何を欲しているのかを読み取り，その内容を，技術的な用語・表現におきかえて作り手に伝える役割が必要になってきます。図7では，その担い手として，第三者である「翻訳者」という立場が描かれています。「翻訳者」は，建築を診ることで，作り手と，住まい手・使い手との間でやりとりをしながら，快適性を実現していく共創を実りあるものにしていく大事な役割を果たしています。

図7の共創による快適性という使用価値の作り込みプロセスは，第三者である翻訳者，または作り手によって「建築が，どのように機能しているのか？」，春夏秋冬の移ろいのなか，人工空間のなかでは人にとってどのような環境が生じているのか，という現状が分析・把握されていることが前提となります。建築機能の現状の分析・把握が不十分なままに，建築の使い方を変更しても，また改修工事を進めても，時間や費用ばかりがかかってしまって，住まい手や使い手にとっての快適性の改善が実現できないおそれがあります。

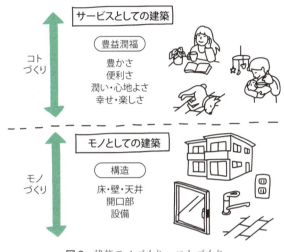

図8　建築モノづくり・コトづくり
（作画：稲垣敬子）

分譲住宅や既存建築が売買された場合など，成り行きによっては，作り手と，使い手との関係が切れてしまっている場合もあります。その場合は，その建築の設計にも施工にも関与しなかった第三者の建築技術者が，図7の「翻訳者」の立場を越えて，使い手と一緒に快適性を作り上げていく共創者にもなります。

このように，ストックの時代では，快適性の診断が契機となって，現場で真摯な取り組みをしている建築技術者が，いままでとは異なった立場で新たな可能性を拡げていく機会も提供しているのです。本書がそのための能力構築のお手伝いとなることを期待します。

図7のような，共創プロセスが当たり前になってくる時代では，フローの時代に求められていたモノづくりだけでなく，図8に示すような，豊かさ，便利さ，潤い・心地よさ，幸せ・楽しさを増幅していくようなコトづくりが求められるようになっているのです。

(12)　本書の構成

本書は，個々の建築の現実・現場に即して，住まい手・使い手目線から「建築が，どのように機能しているのか？」を把握する技術を学ぶため，3部構成になっています。

第1部では，「建築環境を診る」ための技術・方法について学びます。

温熱環境は快適性を大きく左右します。それだけに，居住者が寒暑に関するさまざまな不満を表明することもあれば，逆に，居住者が気の毒な温熱条件にだまって耐えていることもしばしばみられます。しかし，どうして，そのような温熱環境になってしまっているのか，原因が特定しづらいことも多々あります。原因がわからなければ対応のしようがありません。

そこで第1章では，温熱環境を見つめ直すための基本事項，とくに，暑さ・寒さをもたらす原因をつきとめるための留意事項について解説します。

第2章では，建物のなかで，快適性を損なわれやすい単位空間や部位について，その快適性を左右する要因をどのように診ていくかを解説します。

第3章では，空気環境をどのように診ていけばよいのかを解説します。

第4章では，光環境の診方を解説します。そして，第5章では，音環境の見つめ直し方を，第6章では，水・土壌環境の診方について説明します。

第2部では，設備の働きと配管の保全状態を診る方法を学びます。

建築設備は，熱，空気，光，音，水環境を整えるための機器と，その機器が機能するようにエネルギーや水を搬送する配管・配線・ダクトなどの配線類から成り立っています。機器は，目にも見え，交換される可能性がありますが，多くの建物の配管類は維持更新されることなく放置されています。そのため，少なからぬ建築設備の不具合は，機器ではなく配管類の状況に起因します。

第1章では，設備がどう働いているか，また，配管類が機能しているかを診る方法を解説しています。

第2章では，配管類の現状を見る方法を解説していきます。

第3章では，集合住宅を主たる対象として，配管の劣化兆候の確認と対応方法，配管劣化の診断方法，非破壊検査手法ついて解説するとともに，給水管，排水管，冷温水管・冷却水管の劣化診断のポイントについて説明します。

第3部では，望ましいエネルギー効率を発揮しているかどうかを診る技術を学びます。

多くの居住者が，どうして，建築を使うためにこれだけの量のエネルギーを使っているのか，その原因が明確にはわからず釈然としない思いを抱いていると想像されます。そこで，どういうところでエネルギーがどのくらい使われているのか，使用されるエネルギーを減らす余地はどういうところにあるのかを特定する方法を学んでいきます。近年，性能向上と低廉化が著しいセンサー類を用いてどのようにエネルギー使用量を計るのか，また，そこから得られたデータをどのように分析するのか，その概要を学びます。その上で，電力使用量の概括的な分析方法，ピーク電力の抑制状況の分析方法，電力使用量のタイプ分けによる特性分析および季節タイプの分析方法について説明します。

(13) 本書の使い方

　この本を最初から読んでいただけば,「建築が,どのように機能しているのか?」を把握する技術を系統だって学んでいただくことができます。ただし,手にとっていただいている皆さんのなかには,日頃の実務で忙しい方も数多いと推察します。その場合は,実務のなかであらわれる課題に即して,この本のなかの該当するページを探して読んでいただけるように,見開き2ページで読み切りとなることを基本に編修しています。読み物としても,また,事典としても使っていただけるように編修していますので,それぞれの事情にあわせて活用していただければ幸いです。

　読者諸氏が住まい手・使い手目線から「建築が,どのように機能しているのか?」を把握する具体的な方法を修得いただき,建築モノづくり・コトづくりの担い手として活躍されることを筆者一同切に願っております。

第1部
建築環境を診る

概　　説

　人は，空間という舞台のなかでさまざまな活動を展開します。その空間の居心地や使い心地のよさ（快適性）は，その舞台装置にあたる**建築構成部位**（床・壁・天井・開口部）の状態・状況や，**建築設備**の働きによって左右されます。

　こうした見方を踏まえ，本書では，**建築環境**は次の2つの対象をさしていると考えています。
- 人間活動の舞台：建築のなかまたは近傍に身をおいている人を取り囲んでいる空間
- 人間活動の舞台装置：空間の居心地や使い心地を決定づける建築構成部位や建築設備の状態・状況

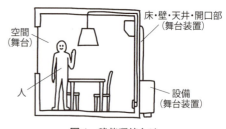

図1　建築環境とは

　空間の居心地や使い心地などの快適性は，技術的な観点からみれば，空間が人に及ぼす身体的・心理的影響をさしています。このように考えると，「建築環境を診る」は，以下の3種類の「診る」を含んでいると考えられます。

① 人への影響を診る　　空間が人に及ぼしている身体的・心理的影響（＝空間の居心地・使い心地＝快適性）を診る。

② 状態を診る　　身体的・心理的影響（空間の居心地・使い心地＝快適性）を決定づける建築構成部位・建築設備（＝舞台装置）の状態・状況を診る。

③ 期待どおりに働いているかを診る　　建築設備・建築構成部位が取り囲んでいる空間に対して及ぼしている影響（期待どおりに働いているか）を診る。

　図2は，これら3種類の「診る」の関係を表しています。

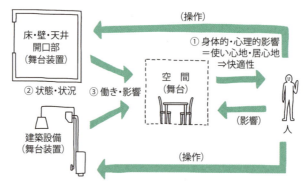

図2　建築環境を診る：3種類の「診る」対象

建築環境を診ることの内容のあらましは，以下のとおりです。

1　人への影響を診る

空間が人に及ぼしている身体的・心理的影響（＝空間の居心地・使い心地＝快適性）を診ます。具体的には，人への直接的な影響，人に作用する因子の強さ（人への間接的影響）を診ます。

1・1　人への直接的な影響を診る　建築環境が与える暑さ・寒さ，明るさ・暗さ，静かさ・騒がしさが人にとってどのように感じられるのかを計測・評価します。

- 部屋の「暑さ」・「寒さ」を診る。
- 玄関の「暑さ」・「寒さ」を診る。
- よく見えるのかを診る（照度，グレアを診る）。
- ショーウィンドウの明るさ感を診る。
- 看板の明るさ感を診る。
- オフィス空間の快適性を診る。
- 騒音のレベルを診る。　　　　　　　　　　　　　　　　　　　　　　　など

1・2　人に作用する因子の強さ（人への間接的影響）を診る　建築環境が人の感覚・身体に与える影響を決定づける要因（例：放射熱，温度差，CO_2濃度，カビ）の状況を把握・分析します。

- 屋根・天井・窓ガラス・外壁からの放射を調べる。
- カビ発生の有無を調べる。
- 居室間の温度差を診る。
- CO_2濃度を測る（室内汚染物質の影響を診る）。　　　　　　　　　　　　など

2　建築構成部位・建築設備の状態を診る

人への身体的・心理的影響（空間の居心地・使い心地＝快適性）を決定づける建築構成部位・建築設備（＝舞台装置）の状態・状況を診ます。建築構成部位の断熱性能・熱性能，気密性能や，建築設備の性能を診ることが含まれます。具体的には，次のような内容が該当します。

- 結露の有無を診る。
- すき間からの空気の漏れを診る。
- 窓の熱性能を調べる。
- 外皮の断熱性能を調べる。
- ピロティ，吹抜け空間，床下の断熱を診る。
- 屋根の断熱を調べる。
- 照明，コンセントの機能と配置を診る。　　　　　　　　　　　　　　　　など

3　期待どおりに働いているかを診る

　建築設備が期待どおりの働き・機能を発揮して，舞台としての空間が身体的・心理的に良い影響を及ぼす必要条件を満たしているのかを診ます。

- コールドドラフトが起きていないかを診る。
- ヒートブリッジがないかを診る。
- 日射利用・抑制の効き方を診る。
- 自然換気が働いているかを診る。
- 各部位の遮音対策の有効性を診る。
- ナイトパージが有効に機能しているかを診る。
- 照度調整が機能しているかを診る。　　　　　　　　　　　　　　　　　　など

　建築を設計するうえでは，「空間の機能・性能を決定づける建築構成部位・建築設備の状態・状況」について，かくありたいという目標が決められているべきです。しかし，とくに明確な目標が設定されないままに設計された建築も残念ながら少なからずあります。また，「かくありたい」という目標が必ずしも実現しているわけではありません。思いもよらない現象が生じていて，現実の状態・状況と，設計意図との間に差異が生じていることは決して珍しくありません。

　「空間が人に及ぼす身体的・心理的影響（空間の居心地・使い心地＝快適性）」についても同様です。建築構成部位・建築設備の状態・状況が，設計意図とずれていたら，人に及ぼす身体的・心理的影響が意図とずれてしまうのは当然です。加えて，建築構成部位・建築設備の状態・状況が設計意図と整合していたとしても，建築のなかでの人々の行動や，快適域が個人個人で異なることに起因して，意図とは乖離した身体的・心理的影響があらわれることもあります。

　このように，現実の建築環境が，設計で実現しようとした環境と乖離しているために快適性を損ねていることは，住まい手・使い手にとって好ましいことではありません。せっかく，多額の費用を投入して建築を作っているにもかかわらず，意図した状態・状況が実

現していないのは，大きな損失ですし，場合によっては，人間の尊厳や健康・安全への脅威になるおそれすらあります。

設計で目標にした建築環境と，現実の建築環境との乖離を少しでも埋めて，快適性を実現していくことは，序章でも述べたように，ストックの時代における建築関係技術者の新たな役割です。実際，こうした仕事はコミッショニング（commissioning）ともよばれ，英語圏諸国では，建築関係技術者の職務として確立しています。また，わが国でも長年にわたり職務として確立させるための努力が傾けられてきました。

こうした建築環境の機能・性能をつくり込み，住まい手・使い手と価値を共創していく職務・職能が社会で認知されていくためにも，建築環境の状況・状態に係わる情報やデータを収集し，その把握内容を工学的対応の参考となるように分析・整理していく必要があります。

第1部は6章に分かれており，各章は，温熱環境を見つめ直す，空気環境を見つめ直す，光環境を見つめ直す，音環境を見つめ直す，水環境・土壌環境を見つめ直すという主題別の構成になっています。

では，建築環境の設計目標と現実とのギャップを埋め，快適性を向上させていく**建築環境を診る技術**のあらましを学んでいきましょう。

第1章　温熱環境を見つめ直す（基本事項）

1-1　床・壁・天井からの放射を調べる

　私たちの室内での快適性は，室内空気の温度よりも床・壁・天井などの表面温度と，そこから発する放射の影響が大きいといわれている。

(1) 熱放射とは

　熱放射（thermal radiation）は，伝熱の一種で，熱が電磁波として運ばれる現象，または物体が熱を電磁波として放出する現象をいう。熱輻射あるいは単に輻射ともいう。

(a) 室内の快適性と放射環境

　壁・窓・内装・什器類や人の身体からは，温度差に応じてつねに放射を出している。

　表面温度が下がると，人の身体から出ていく放射が増え，寒く感じる。図1・1に示すように，室温は24℃であっても窓面が12℃であると寒く感じる。逆に，床・壁・天井の表面温度が人の表面温度（35〜36℃）を上まわると暑く感じることになる。

参考

　熱を運ぶ過程には，大きく分けて次の3通りがある。
　　① 熱伝導
　　② 移流（対流）
　　③ 熱放射

　"熱伝導"は，物体が移動せず直接触れ合うことにより熱を伝え，"移流"は流体の流れを媒介させることにより間接的に熱を伝える。どちらも熱は振動のまま伝わってゆく。それに対し熱放射では，輸送元の物体が電磁波を出し，輸送先の物体がそれを吸収することによって熱が運ばれる。この過程だと，2つの物体の間に媒介する物質がなく，真空であったとしても熱が伝わる。

(b) 夏期の放射による影響

　夏期には，開口部が普通ガラスで断熱サッシではない場合，ガラス本体とサッシよりかなりな程度の熱放射が及ぼされる。

　日射により暖まった屋根表面温度は，外気温度よりも高温の50〜60℃に達し（図1・2），断熱が効いていない場合，室内表面温度が上がり，室内でも熱中症になりうる（日中30℃以上で，夜中でも25℃以上の場合など）。

　外周壁に断熱のない場合には，表面温度が外気温以上になることがある。その場合は，たとえ室温を空調機等で下げたとしても，暖まった天井・床・窓からの放射温度が室温を上回り，不快な環境になる。

(c) 冬期の放射による影響

　冬期には，断熱性の低い床面や，窓からの冷放射で不快になり，体を冷やし，風邪等の疾病にかかりやすくなる（図1・1）。表面温度の低くなりやすい便所や浴室などの部屋に移動することでヒートショックを及ぼし，急激な血圧の変化により，高齢者や弱者にとって大変危険な環境を生んでしまうおそれがある。

図1・1　室温の快適温度と放射による体感温度
（作画：稲垣敬子）

図1・2 外気温度（28℃）と屋根温度（42.5℃）差

(2) 放射熱の計測

放射熱は，グローブ温度計（図1・3），非接触表面温度計（図1・4），接触式表面温度計（図1・5），赤外線カメラ等により計測できる。

グローブ温度（globe temperature）とは，仮想黒体の球（グローブ温度計）を用いて測られる温度である。周囲からの熱放射による影響を観測するために用いられる。気流が静穏な状態では，グローブ温度と作用温度はほぼ一致する。

ここで，**作用温度**（さようおんど，Operative Temperature：OT）とは効果温度ともいい，気温が同じ室内であっても，壁面温度と周囲気流（移流対流）の状態により体感温度は違うことを加味し，周囲壁面との放射熱伝達と周囲気流を考慮した環境温度をいう。

ただし，作用温度の評価にあたっては，人体の発熱は考慮されないため，気流による冷却効果は評価できない。そのため，作用温度は，冷房時の評価指標としては用いず，暖房時のみに用いられる。

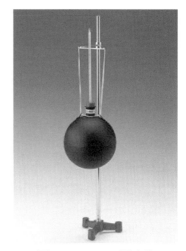

図1・3 グローブ温度計

図1・4 非接触表面温度計

図1・5 接触式表面温度計

1-2 各部位の断熱性能を調べる

図1・6のような枠組で，断熱性能と日射遮熱性能に関する事項を検証・評価し，あわせて対策も検討する。夏期に断熱が不十分であると表面温度が上がり，熱放射（1・1（p.18）参照）により快適性が損なわれるだけでなく，エネルギーの使用効率を低下させてしまう。夏の屋根，外壁，窓からの不快な放射や，冬期に結露がある場合は断熱性能不足を疑うべきである。

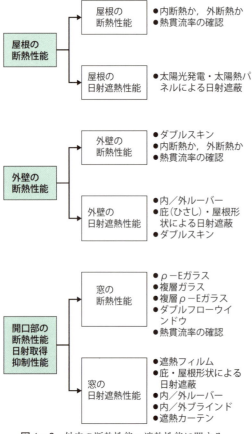

図1・6 外皮の断熱性能・遮熱性能に関する検証項目

(1) 築年数や目視調査から断熱仕様を推定する

外観からは，断熱性能はわかりにくいため，建築時期から断熱や遮熱の仕様を推定する。図1・7は，旧省エネ基準（昭和55年），新省エネ基準（平成4年），次世代省エネ基準（平成11年），平成25年省エネ基準（平成25年）による外壁の熱損失係数の違いを表している。建築時期と図1・7を照合し，断熱性能推定の目安とするとよい。

(2) 各部位の断熱性を目視する

窓ガラスの仕様を診ることで，ある程度，建物の断熱グレードも推測できる。例えば，シングルガラスの場合は，断熱性能は極端に低いと推定される。

屋根の断熱仕様は，一般住宅では，屋根裏を覗くことができれば状況を把握できる。その場合，グラスウール等の断熱材は，すき間なく敷き詰められているかを診る必要がある。断熱材が単に天井に置いてあるだけでは，すき間が多く，断熱性能を満たしていない場合も多い。平成25年省エネ基準では，図1・8の事例のような，断熱の仕様や厚さになるので，調査時にはこの事例と比較し評価するとよい。

省エネ法	昭和55年基準（旧省エネ基準）	平成4年基準（新省エネ基準）	平成11年基準（次世代省エネ基準）	平成25年基準
品確法住宅性能表示	省エネルギー対策等級2	省エネルギー対策等級3	省エネルギー対策等級4	断熱等性能等級4 一次エネルギー消費量等級5（低炭素基準） 一次エネルギー消費量等級4（H25基準） ※改正案
外皮	・Q値[W/m²K] 5.2以下 ・μ値	4.2以下 0.10以下	2.7以下 0.07以下	・U_A値[W/m²K] 0.87以下 ・η_A値 2.80以下
設備				・一次エネルギー消費量

図1・7 省エネ基準と外皮の断熱性能との関係（6地域（旧Ⅳb地域東京）の場合

第1章 温熱環境を見つめ直す（基本事項） 21

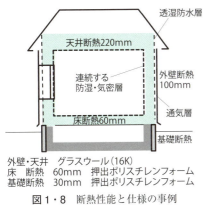

図1・8 断熱性能と仕様の事例
（省エネ基準（5，6地域））

床下の断熱仕様は，厨房収納，流し台の下部もしくは，床下通風口から覗き推定する。① 断熱材料の種類（グラスウール等），② 厚さ，③ 断熱のすき間，④ カビの発生状況を把握する。

(3) 図面から断熱性を推測する

設計時点の図面が残っていれば，壁・天井内・床下等の断熱方式やレベルをおおまかに推測できる。図1・9の例に示すような矩計図が入手できれば，(1)，(2) 項で述べた方法で推定した内容と照合し，断熱性能の弱点がないか詳細に推測することができる。

(4) 内断熱と外断熱

図面による断熱状況の推定では，外断熱か内断熱か，その断熱方式に注目する必要がある。コンクリート壁体であれば，室外側に断熱層があれば外断熱，室内側にあれば内断熱になる。また，木造軸組構法では，外壁仕上げと内壁仕上げの間に断熱層が入っていれば内断熱，柱の外側（室内側）に断熱層を形成していれば外断熱である。

内断熱の場合，外周壁は日射や室外気候の変動を直接受けるので，高い熱容量をもつ壁体（とくにコンクリート壁体）からの熱伝達の影響を受け室温は変動しやすい。一方，外断熱は，外周壁が断熱材の室内側に置かれていて，外気から抱え込む熱量は抑制されるので，室温の変動も抑えられる。

外断熱の場合，構造躯体が断熱材等で保護されるので，日射や風雨，温度差からの膨張・収縮の影響による劣化が緩和されることも期待される。一方，内断熱は断熱材を連続させることができない部分がどうしてもでてきてしまい，いわゆるヒートブリッジを形成していることに注意を要する。

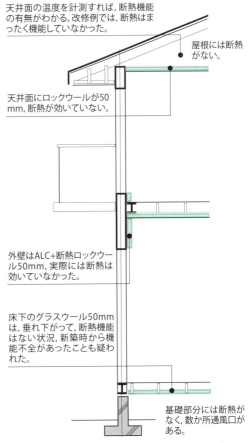

図1・9 矩計図から断熱性能・気密性能の弱点を検証した事例

1-3
窓の熱性能を調べる（窓際の暑さ・寒さをチェック）

(1) 窓の断熱・遮熱はとても大切

一般住宅では，夏期に外部から室内に運ばれる熱エネルギー全体の約71%程度が窓を介している（図1・10 (a)）。

築年数が古く，断熱・気密性能の低い窓からは，冬期に，約48%の熱エネルギーが逃げている（図 (b)）。

窓面の面積比率は住宅によって異なるが，室内の温熱環境の快適性にとって，窓面の熱性能はとても重要である。

(2) 開口部・サッシの性能を確かめる

気密性とは，サッシ・ドアセットの枠と戸などのすき間から，どれくらいの空気（すき間風）が漏れるかを表す性能のことである。

冷暖房時の熱損失を少なくする気密性は，面積 $1m^2$・1時間当たりどれくらいの空気が漏れるかを基準とした等級で表し，空気の漏れは $m^3/(h \cdot m^2)$ で表される。

気密性は，JIS A 4706，JIS A 4702 の規定により，A-1～A-4の等級が図1・11のように定められている。この図で気密性能等級A-3のサッシとは，窓の内外圧力差 10 Pa (1.02 kgf/m^2) のとき，面積 $1m^2$・1時間当たり，最大 $8m^3$ の漏気量（空気が漏れる量）が許容されているサッシ・ドアセットをいう。

サッシの型番とメーカ資料の表示とを照合することで，気密性の等級を推定する。

サッシの断熱性能は，用いているガラスの種類により著しく異なる（表1・1）。用いているガラスが単板であるか，複層であるかは目視で判別できる。また，Low-eガラスを用いている場合は，その旨ガラスにシールが貼られていることも多い。

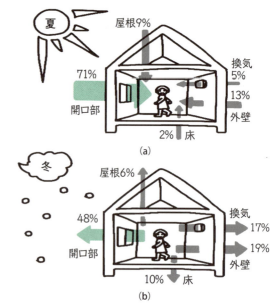

図1・10 住宅における夏期と冬期の熱の移動の事例
（作画：稲垣敬子）

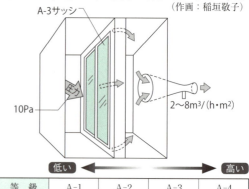

等　級	A-1	A-2	A-3	A-4
(旧等級)	100	30	8	2

図1・11 気密性等級と等級A-3サッシの内外圧力差および漏気量

表1・1 断熱ガラスの種類について

名　称	内　　容
複層ガラス	複数枚の板ガラスを重ね，その間に乾燥空気やアルゴンガス等を封入（または真空状態）し，中間層を設ける形で1ユニットを構成するガラスをさす。中間層は密閉されているため，基本的に中間層の厚さが増すほど断熱性能が高まる。
Low-eガラス	Low-eガラス (Low Emissivity＝低放射) とは，板ガラスの表面に酸化スズや銀などの特殊金属膜をコーティングしたガラスである。Low-e膜が遠赤外線の反射率を高め，日射を抑制する。ただし，冬期に日射を取り込みたい地域では，逆に日射を妨げるため，利用しないほうがよい場合もある。

(3) コールドドラフトの診断

冬期に，とくに断熱性の低い窓表面が熱伝導で冷え，コールドドラフトと冷放射が起きる。**コールドドラフト**とは，窓面からの放射で冷やされ重たくなった空気が沈下し床上を流れ，快適性を損なう現象をいう（図1・12）。冷やされた床からは再放射も発生し，体の冷えや，脳溢血等への影響を及ぼすこともある。室内の上下温度差や室内温度と床・壁・天井など部位との温度差が少ないほど快適である。

床表面温度および冷放射の範囲を，表面温度計・室内温度計・気流計（付録参照）で計測し，上下の温度差や，床と室内温度など部位の温度差を計算し，コールドドラフトが起きているかどうかを推測する。表1・2に示した窓の断熱性向上などの対策による改善効果も，同様の計測により評価できる。

(4) 寒冷地における内窓導入事例

寒冷地では，従来の断熱ガラスを設置していても，外気温がマイナスになる地域では，冷熱の流入が大きい。

窓ガラスは，強風によって押された場合にゆがんで漏気が起きることもある。その場合，気密の観点からも内窓サッシ（二重ガラス）を設置することも効果的である。

図1・13は，北海道の寒冷地住宅の出窓に内窓断熱サッシを追加した効果の評価事例である。

冬期，外気温は常にマイナスであり，夜間は−20℃近くに達することがある。従前は，一般的な断熱ガラスを設置しただけであった。それでは昼間，ガラスの表面温度と外気との温度差が38 degであるだけでなく，ガラスの表面温度と室温の差異も大きかった（図1・14）。

一方，内窓の断熱サッシを設置した後は，冷放射が減り，室内温度の変動が小さくなり，ガラス表面との温度差が極めて少なくなっている（図1・14）。この事例では，住まい手から相当に快適であるというコメントも得ている。

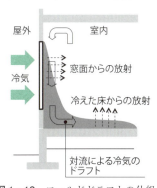

図1・12 コールドドラフトの仕組み

表1・2 冬期のコールドドラフトへの主な対策

- 窓・サッシをより断熱性能の高いものに交換する。
- 内窓サッシを設置する。
- 厚めのカーテンを設置する。
- 窓面近傍に暖房・パネルヒータを設置する。

図1・13 出窓の内窓改修事例
（高断熱高気密扉二重化）

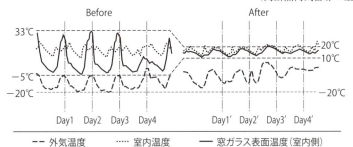

図1・14 出窓の内窓改修事例における温度推移（Befor-After）

1-4 建物の熱負荷の抑制状況を診る

(1) 建物の熱負荷とは

建物の熱負荷とは，空調を行って室内の温度を保とうとする場合に必要な熱量（**顕熱負荷**）と水分（**潜熱負荷**）の総量のことである。熱負荷には，暖房負荷と冷房負荷とがある。負荷を表す単位は，単位時間当たりの熱量（MJ/h）である。

同じ間取りや広さ（m²）の住宅や集合住宅でも，部屋に接している屋根や外壁・床下の面積の大きさで熱負荷は異なり，断熱や庇等による日射抑制の遮熱の程度によっても異なる。

住宅の熱負荷性能は，**外皮平均熱貫流率**（U_A値）の平均で性能を考える（W/(m²·K)）。なお，熱貫流率とは，内外の温度差が1 deg（1K）のときに，その部位（壁・天井・床・窓）をどのくらい熱が貫いていくのか，その量を表している（W/m²·K）。U_A値は，住宅全体の断熱性を表しており，小さいほど断熱性能がよい。

表1·3は，平成25年省エネ基準における地域区分ごとの外皮平均熱貫流率（U_A値）を表している。

冷房期の**平均日射熱取得率**η_A値は，住宅内に入る日射の割合を表す。η_A値が小さいほど，住宅内に入る日射が少ないことを表す。表1·4は，平成25年省エネ基準における地域区分ごとの平均日射熱取得率を示している。

日射による熱は，冬期には暖房エネルギーを減らし，夏期は冷房エネルギーを増やす。

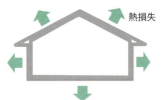

(a) 外皮平均熱貫流率による基準計算

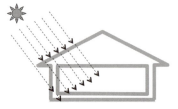

(b) 冷房期の平均日射熱取得率による基準計算

図1·15 外皮平均熱貫流率，冷房期の平均日射熱取得率の概念

(2) 庇とルーバーの日射抑制の方法による熱負荷抑制効果を診る

図1·16に示すように，方位によって太陽高度や日射角度は異なる。そのため，単に庇やルーバーがあっても，日射遮蔽に有効に働いていない場合もある。そこで，その場所の緯度から夏期の太陽高度と日射角度に対して日射遮蔽効果があるのかを図面や実測をもとに確認する必要がある。

表1·3 外皮平均熱貫流率（U_A値）の省エネ基準（平成25年基準）

地域区分	1	2	3	4	5	6	7	8
基準値[W/(m²·K)]	0.46	0.46	0.56	0.75	0.87	0.87	0.87	—

表1·4 冷房期の平均日射熱取得率（η_A値）の省エネ基準（平成25年基準）

地域区分	1	2	3	4	5	6	7	8
基準値	—	—	—	—	3.0	2.8	2.7	3.2

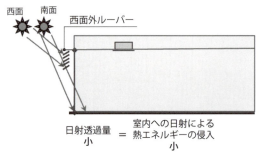

図1·16 庇と外ルーバーによる日射遮蔽の考え方

また，ブラインド，カーテン・ロールスクリーン・プリーツスクリーン・パネルスクリーン・雨戸・障子・遮光幕・すだれ・のれん等も日射遮蔽効果がある。室内側ガラス面や，窓回りにあるモノの表面温度などを計測することで，その効果を評価することができる。ここで留意すべきことは，室外側に日射遮蔽装置をつけて，ガラスを透過する光の量が減らされているかを検証することである。例えば，外付けブラインドは7～9割の日射透過を防げるが，室内ブラインドは4割程度しか遮蔽できない。

(3) ブラインドによる熱負荷抑制効果を診る

ダブルスキン（二重外壁）構造がある場合は，室内側表面温度を計測することで，遮熱および断熱による熱負荷抑制効果が望ましい水準であるかを診断する。

(4) 植栽・屋上緑化の熱負荷抑制効果を診る

(a) 周辺への植栽の配置の効果

建物周辺の植栽は，日射遮蔽や照り返し防止に加え，葉による蒸発散作用の気化熱で気温上昇も抑えるという環境調整作用がある。また，池や噴水等も地面からの照り返しを低減できる。赤外線カメラによる画像や表面温度の測定により，こうした効果の程度を評価できる。

(b) 屋上緑化の効果

植栽および土壌の断熱効果で屋根の熱負荷の低減は図れるとされている。屋上緑化した屋根面と，していない屋根面の表面温度を赤外線カメラで測定し比較することにより，その効果を評価することができる。

表1・5は，屋上芝生の日射抑制（反射）率を示している。コンクリートの日射反射率が0.32に対して，芝は0.21（夏期；緑色）から0.25（冬期；枯色）であり，屋上緑化は夏期の照り返し防止に対して効果的であるとされる。

表1・5 屋上芝生の日射反射効果測定例

表面資材	夏　期		
	日射反射率	相関係数	測定期間
コンクリート	0.32	0.99	92.9.18～25
黒　土	0.12	0.92	92.8.25～31
高麗芝	0.21	0.96	92.9.18～25

表面資材	冬　期		
	日射反射率	相関係数	測定期間
コンクリート	0.32	0.98	93.2.6～24
黒　土	0.11	0.90	92.12.3～14
高麗芝	0.25	0.94	93.2.6～24

（出典：三小田他「屋上芝生植栽の熱的特性と導入効果」空気調和・衛生工学会学術論文集，1993/10）

コラム1　ダブルスキンの事例

環境配慮型店舗の事例

（コンビニエンスストア）

開口部が二重化されている。室内からの排気熱をダブルスキン内に排気して，断熱として利用する効果も狙っている。

屋根・外壁の全体からの日射抑制をしたダブルスキンの事例（愛知万博長久手日本館）

屋根や外壁・窓からは，日射による大きな熱負荷の影響を受ける。事例では，建物全体に竹かごをかぶせ，日影により，日射負荷の約40％が削減されている。

図1　前面開口ダブルスキンによる日射遮蔽

図2　竹構造ダブルスキンによる日射抑制遮蔽

1-5
日射利用・抑制の効き方を診る

　夏期の日射が開口部を透過して暖められた部位から熱が放射し，室温や体感温度を高める可能性がある。それだけに日射は，できるだけ抑制することが望ましい。一方冬期は，日射を積極的に室内に取り込むことが居住性やエネルギー効率を高めるうえでは好ましい。外壁・開口部・屋根の形状や形式が，日射の利用・抑制にどのように影響しているか診ていく必要がある。

(1) 建物の方位と日射取得と日射抑制方法との関係を診る

　建物の方位別に，建物開口部の位置や日射利用・抑制手段の有効性を評価する。

　とくに，南向きの開口部については，庇やルーバーが夏至の日射角度を想定し，配置されているかを検証する。一方冬期の日射を有効に取り込めるように開口部の位置や庇の長さ等が設定されているかも評価する。

　図1・17は，庇の出が90cmの検討事例を示す。東京（北緯35°）の，夏至の南中高度は78.5°，春分・秋分で55°，冬至で21.5°となる。夏至では，日射は直接差し込まず，冬至には，部屋の奥まで陽が差し込むと評価できる。

(2) ハイサイドライト，ライトウェル，光庭，ライトコアの効果を調べる

　ハイサイドライトは，天井付近の高い位置に鉛直方向に設けた高窓から採光する装置である。商業建築では，自然光による商品陳列手段として活用している（図1・18）。

　あたかも井戸のように建物に設けられた光の通り道を**ライトウェル**とよぶ（図1・19）。**光庭**は，採光のため設けられた中庭である。**ライトコア**は，階段室など建物のコア（共用）部分

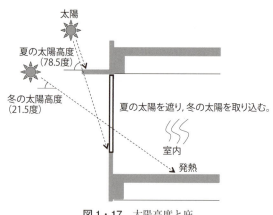

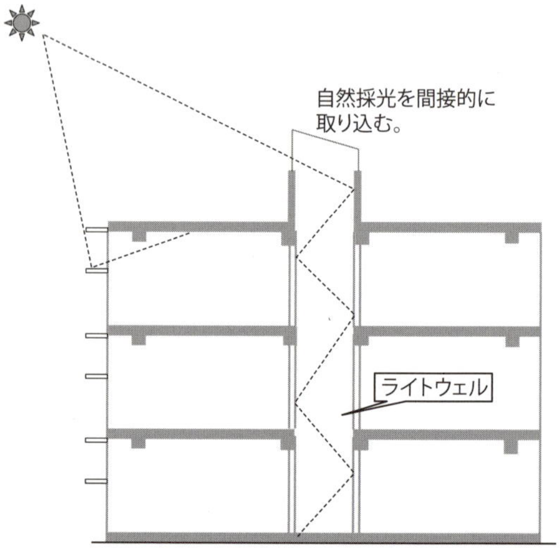

図1・17　太陽高度と庇

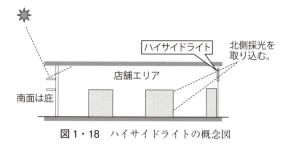

図1・18　ハイサイドライトの概念図

図1・19　ライトウェルの概念図

に自然光を有効に取り込む仕組みである。ハイサイドライト，ライトウェル，光庭，ライトコアなど，自然光を届ける装置が設置されている建物では，日射による熱負荷増加を招くことなく目論見どおり部屋の奥まで自然光が届いているかを，図面と照度計による測定で検証する。

(3) ライトシェルフの効果を調べる

ライトシェルフは，直射日光を遮り，室内への熱負荷を低減させ，空調エネルギーの削減効果がある（図1・20）。反射光により室内照度を改善するとともに，照明エネルギーの削減効果も期待できる。また，庇や屋根などに設けられた集光装置で日射を取り込み，光ファイバーで室内に自然光を伝送する方法もある（図1・21）。

ライトシェルフや光伝送の仕組みを設けた場合は，目論見どおりに，室内奥まで反射光が届いているか照度計などを用いて検証する。

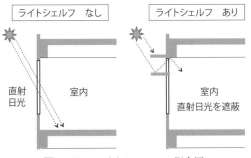

図1・20 ライトシェルフの概念図

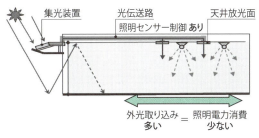

図1・21 光伝送の仕組み

コラム2　外壁ルーバーの事例

写真は，東京大学駒場キャンパス理想の教育棟の外壁に設置された外壁ルーバーである。

- 夏期には，白い面をルーバーの表にすることで日射を反射する。冬期は，黒い面を表に向けルーバーと窓の間の空間を暖め，断熱効果を上げる。中間期は，自然換気ができるように，ルーバーは開放される。
- センサー情報をもとに外気温湿度，日射抑制もしくは取得，冷暖房のエネルギー消費量を勘案して，ルーバーは自動的に働く。

ルーバーは穴を開けたメッシュ状になっていて，ルーバーを閉じてダブルスキンになっている状況でも外部の景色が見える。これにより室内からの閉鎖感が避けられている。

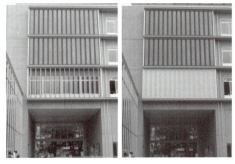

図1　外壁可動ルーバーの事例

図2　外壁可動ルーバーの内観

1-6 外壁・屋根からの熱エネルギーのむだを把握する

(1) 年間熱負荷係数（Perimeter Annual Load：PAL）

PAL は，外壁・窓等外皮を通じての熱損失に関する指標で，以下の式で計算される。

PAL＝屋内周囲空間の年間熱負荷（MJ/年）/屋内周囲空間の床面積（m²）

ここで，屋内周囲空間とは，図 1・22 に示すように，外壁・窓等を通して外部の影響を受ける建築物の内部空間のことをいう。また，年間熱負荷とは，建物の用途ごとに決められた空調の標準的な運転時間における，①壁・窓からの貫流熱＋②日射熱や周辺部分での発生熱量＋③換気による熱負荷，の年間積算値をいう。PAL の値が小さいほど，熱負荷が少なく効率がよい建物であると考えられる。

庇を付ける，窓面積を減らすことなどにより，熱負荷を減らし PAL の値を改善できる。

(2) 屋根表面温度の計測

濃い色の屋根ほど日射の反射率は低く，屋根の表面温度は高くなり，寒冷地以外では外皮の冷房負荷を増やしてしまう場合が多い。屋根表面温度を計測すれば，こうした負荷を高めるおそれの有無を検証できる。

また，日影と日向の屋根表面温度にも差異が出やすい。図 1・23 の事例では，日影と日向の屋根タイル面温度は 42.5℃，31.7℃ で 10.8 deg の差異があった。この表面温度の差異は，室内の天井面の表面温度にも反映すると考えられる。

日向での計測

日陰での計測
図 1・23 沖縄における屋根面温度の例

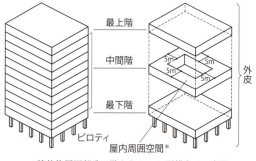
＊建築物周囲部分の壁から 5 m の距離までの空間
図 1・22 PAL 指標における熱に影響を受ける外皮および屋内周囲空間の概念

(3) 外皮性能に関する省エネ基準の見直し

平成 25 年 4 月公布の「エネルギー使用の合理化に関する建築主等及び特定建築物の所有者の判断の基準」（通称平成 25 年省エネ基準）は，図 1・24 に示すように，従前の省エネルギー基準とは枠組が異なる。建物用途ごとに規定されていた基準を一本化し，国際的な基準に準拠し，一次エネルギー消費量（MJ/m²・年）を基準に用いている。

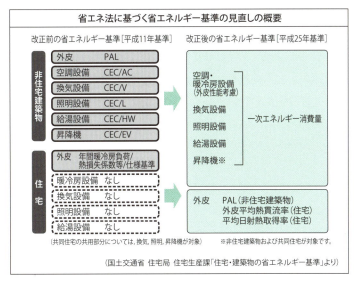

図1・24 平成11年省エネ基準と平成25年省エネ基準の枠組の相違

ここで「一次エネルギー消費量」は，建築物で使われるエネルギー（電気・ガス）量を，化石燃料の一次エネルギー源の使用量に換算した概念である。外皮での熱のやりとり，設備におけるエネルギー使用量，発電・送電などに伴い消費したエネルギー量を換算し，合計する。「一次エネルギー使用量」は，住宅や建築の「燃費」を表しているといってもよい。

従前の省エネ基準では，住宅については，熱損失係数（＝総熱損失量÷床面積）が用いられていた。図1・24の外皮平均熱貫流率（＝総熱損失量÷外皮等面積）は，外皮の断熱性を住宅の規模，構造，形状にかかわらず普遍的に評価する指標となっており，平成25年省エネ基準で用いられている。図1・25は，日本住宅性能評価基準における外皮平均熱貫流率の計算フローを示している。

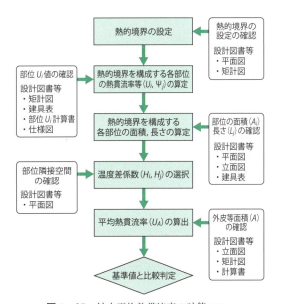

図1・25 外皮平均熱貫流率の計算フロー

（出典：住宅性能表示基準・評価方法基準 技術解説（新築住宅）2016 工学図書出版社）

1-7 すき間からの漏れを診る

建物の各所にはすき間があり，断熱・気密上の弱点となっている。すき間をなくし気密にすることによって，すき間から逃げていく空気の量が少なくなることから計画的な換気が可能となり，機械を用いて行う換気のためのエネルギー使用効率を高めることができる。また，高窓など建物上下での空気の温度差を利用して行う重力換気の効率を高めることもできる。

しかし，なかなか気づかないすき間とそこからの漏れがある。では，どのようにしたらそうした気密上の弱点を見つけることができるのだろうか。

(1) 弱点となるすき間を見つけ出す

断面図など図面から，気密が居住空間を包むように途切れなく構成され，いわゆる気密ラインの確保ができているかを推定する。

すき間からの漏気を見つけ出すには，赤外線カメラを用いるとよい（図1・26）。さまざまな部分の小さなすき間からでも空気と熱は出入

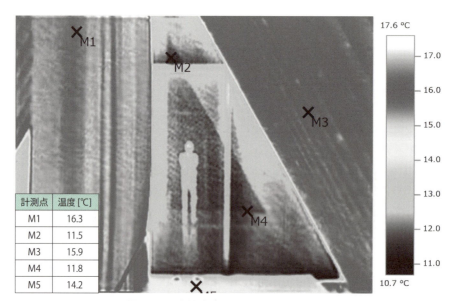

計測点	温度 [℃]
M1	16.3
M2	11.5
M3	15.9
M4	11.8
M5	14.2

図1・26 赤外線カメラによる温度差の把握例

図1・27 躯体のすき間例

図1・28 コンセントの気密用カバー

りしているので，非連続な温度分布から弱点となるすき間を見つけ出すことができる（図1・27）。

築年数の古い住宅の調査では，このような赤外線カメラの画像からの推定によってコンセントからの漏気，畳の下地（野地板）からの漏気，壁や窓のすき間，幅木等からの漏気の発生が数多く見い出されている。図1・28は，コンセントからの漏気を防ぐ気密カバー例である。

(2) 気密の精密調査をする

C 値とは相当すき間面積であり，建物の床面積 $1\,m^2$ 当たりのすき間面積（何 cm^2）を表している。この値がゼロに近いほどすき間が少なく，気密性が高いことを意味する。一般的な木造の戸建住宅では，$2.0\,cm^2/m^2$ 以下にすることが望ましいとされる。

コラム3に示すような方法で C 値を測定することにより，気密の精密調査をすることができる。

コラム3　C 値の計測

断熱を強化し Q 値を小さくしても，建物のすき間が大きい場合，断熱の効果を失なうおそれがある。そこで，施工時，竣工時に断熱仕様の確認や施工結果の確認に加えて C 値を計測し，気密が期待水準に達しているか確認することは重要である。

C 値は，図1のような装置で計測する。計測専門会社に依頼してもよい。

近年の高断熱・高気密住宅でも，コンセント回りや外壁貫通部分が C 値上の弱点になる可能性もある。

なお，断熱と気密性能の優良性を示して住宅を販売している会社では，熱損出係数 Q 値〔$W/(m^2\cdot K)$〕で 1.0～1.4，すき間相当面積 C 値（cm^2/m^2）で 0.7～1 程度の数値を示したうえで，実際に建築後に気密測定を実施している。

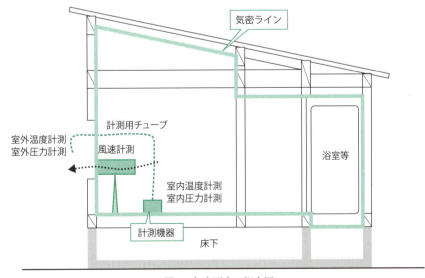

図1　気密測定の概念図

第2章　温熱環境を見つめ直す（単位空間）

1-8 部屋の「暑さ」・「寒さ」を診る

　築年数の経過した戸建住宅では，それぞれの部屋の温熱環境に違いがあるために，快適でないことも珍しくない。

　第1章で述べたように，建築空間を構成する床・壁・天井の表面温度が，その建築空間に居る人の温熱感に大きく影響する。建築の表面温度が人の表面温度（35℃～36℃）よりも高ければ暑さを感じ，その表面温度が15℃以下になれば寒さを感じる。

　部屋の「暑さ」・「寒さ」を診るにあたっては，床・壁・天井の表面温度を決定づける断熱の有無，材料，施工方法および劣化状況を壁・窓・扉について検分するとともに，窓や扉の断熱，換気効率や室内の気流に影響を与える気密性能も検証していく。

　具体的には部屋や部位別に室内温湿度，各部位の表面温度等を計測し，計測時の外気温湿度，天候の変化，日射条件を記録し，これらの関係性を分析していく。

(1) 暑さ・寒さに関する診断項目と診断内容

(a) 建物の外観を診る

　目視と計測により，建物の外壁・窓・屋根などの部位の断熱性・気密性を推定する。それらの部位の亀裂や劣化状況から気密性の低下点がないかを調べる（表1・6）。

(b) 窓・サッシの仕様と配置を診る

　目視および図面により，方位別に，窓・サッシの仕様（断熱・気密仕様）と開口部の箇所数およびサイズを把握する。1-3で述べたように，窓を介した熱の侵入および熱の漏出の割合は大きく，窓・サッシの断熱性・遮熱性は暑さ・寒さを左右するので，表面温度計や赤外線カメラによる撮影で温度分布を把握し，熱の侵入度合いを推定する。

(c) 各室の温度を計測する

　床から100，800，1,100 mm程度の高さで各部屋の室内温度を計測する。なお，可能な場合は湿度も計測する。図1・29に例示するように，近年は，さまざまな簡易な温度計や湿度計が市販されている。これらを用いて各室の内壁・窓面・サッシ回り・天井・床の表面温度も計測する。

表1・6　部屋の暑さ・寒さを診るための外観確認

	確認内容
目視	外壁の亀裂の有無，シールの劣化（硬化・ひび割れの有無），とくに，北側外壁のカビ汚れの有無
	窓サッシ・玄関等の開口部シールの劣化
	基礎の亀裂の有無
	屋根劣化（塗装のはがれ・亀裂，シールの劣化）
	屋根・基礎・柱，床の水平度（気密への影響を確認）
	アンテナ，設備機器，配管配線の劣化による気密性低下の有無（配管配線類の出入口の気密を確認）
	冷暖房機器の年式確認
計測	屋根形状の変形（けらば・破風板・鼻隠し，屋根の先端部分の反りや変形）：レーザー付き水準器を活用
	軒先・棟の水平確認：水準器もしくは3Dカメラを活用
	床の水平：レーザー付き水準器を活用

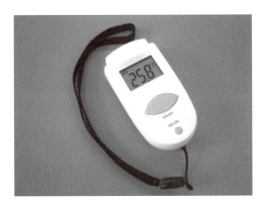

図1・29 非接触表面温度計の例

(d) 各部位の表面温度を調べる

屋根・外壁（とくに北面），1階床下の表面温度を調べることにより，各部屋の「暑さ」「寒さ」を住まい手，使い手の視線で診ていく。とくに，次のような測定，推定は重要である。

① 表面温度計や赤外線カメラを用いて，1階の床，玄関の土間の内外面温度を計測し，周囲と著しく表面温度の異なる部位がないかを把握する。そのような相違があった場合は，ヒートブリッジを疑う。

② 畳・床など各所の表面温度を計測し，低いまたは高い温度面はないか，また温度が他と差異のある領域があるかを検証する。これにより断熱上の弱点がないかを推定する。

③ 屋根裏の温度を計測し，同様に，温度の高低や差異の有無を把握し，屋根などの断熱性能を推定する。

④ 天井面の表面温度を測定するとともに，天井裏にアクセスできる場合は，断熱層の上下の温度を測定する。これにより，天井の断熱の有効性を検証する。

(e) 漏気の有無

各部位からの漏気は，風量が小さく，風速計では拾えないことが多い。そこで，赤外線カメラで表面温度を測定し，その有無，程度を推定する。外壁に設置された幅木・コンセント・配管等の穴から漏気している場合もある。こうした微風速の気流は，線香をたくことにより可視化して把握できることもある。

(f) 設備に関する確認事項

表1・7のように，冷暖房方式と換気方式を確認することにより，部屋の「暑さ」「寒さ」に設備が与える影響の度合いを推定する。

(g) 居住者へのヒアリング

住宅の場合は，居住者が暑さ・寒さに関して抱いている感覚を聞きとる。分析のバックデータとして家族構成，在宅時間や主な生活パターン（とくに，土日休日と平日の主な時間帯別の在宅状況）を確認する。これらの情報を総合的に分析して，暑い・寒いに関する居住者にとっての課題を特定する。

表1・7 部屋の暑さ・寒さを診るための
設備に関する確認事項

	確認事項
冷暖房	冷暖房室内機の仕様，年式，設置場所を確認する。
	夏期と冬期の冷暖房方式（機器の違いがある場合はそれらすべて）を把握する。
	冷暖房を行っている部屋，非冷暖房の部屋を確認する。
換気	機械換気方式（局所換気か全体換気か），換気扇の動作状況，清掃状況を把握する。
	換気風量（機器仕様等），24時間換気の有無，換気の制御方式，タイマ付き等を確認する。
	全熱交換器がある場合，その方式や風量，制御方式等を確認する。
	建物の方位が自然換気に向いているかどうか，窓のタイプとレイアウトを確認する。

1-9 玄関の「暑さ」・「寒さ」を診る（玄関からの冷気をチェック）

(1) 玄関が「暑い」「寒い」

玄関は、一般にその床面積に対する開口部の面積の比率が大きく、扉や土間の断熱性能の具合によっては、温熱環境が悪化しやすいので注意を要する。

玄関扉の断熱性能が低いことにより、また玄関の土間はタイルや石などで仕上げられていて断熱性能が低いことにより、ヒートブリッジを起こし、玄関が劣悪な熱環境になっている場合がある。居住者に玄関の「暑さ」「寒さ」について聞き取るとともに、以下のように、推定、検証していく。

(2) 玄関土間の表面温度を計測する

玄関土間内外の表面温度を計測し、外気温、室温と比較して、玄関土間回りの伝熱を推定することでヒートブリッジの有無を検証する。

(3) 玄関扉からの熱の流れを推測する

玄関扉について型番、図面からの仕様（断熱・気密仕様、サイズ）を確認するとともに、現場で開閉の良否、シリンダおよびヒンジ等からの異音の有無、扉の傾きの有無、枠と扉の間のすき間を確認する。あわせて、表面温度計（図1・29）や赤外線カメラを活用し、すき間からの気流や伝熱による熱の侵入度合いを推定する。その際、旧式のスチール製またはアルミ製玄関扉は、断熱性に乏しいことが多いことに留意する。

玄関扉の断熱性が低いと、玄関空間は廊下や階段と連続している場合も多く、それらの空間とリビングや2階、3階の部屋との間の温度差の原因となりうる。玄関扉は、室内温熱環境の快適性向上と省エネにとっても大切な部位であると認識すべきである。

(4) 庇上部からの熱の流れを推測する

玄関の庇は断熱がなされていない場合が多いため、ヒートブリッジになる可能性がある。目視により、その構造を推定するとともに、表面温度を測定し、ヒートブリッジの有無を確認する。

(5) 玄関土間の改修のポイント

仮に、玄関土間がヒートブリッジになっている場合は、土間をはつって、硬質ウレタンフォーム等を設置する方法も有効である。これにより、内部結露も防止できる。

図1・30 一般住宅における玄関回りの熱流入のイメージ　　（作画：稲垣敬子）

コラム4　玄関扉の改修事例

一般に，玄関扉や窓からは熱が逃げやすく，その割合は住まい全体の約50%になる場合もある。

(a) 扉の断熱性能を確認

盛岡市O邸の調査では，玄関と連続する廊下は，外部とほぼ同じ温度であった。そこで，改修時に玄関扉を寒冷地仕様で交換し，床を断熱することで，玄関に連続する廊下，リビングや浴室などの温熱環境を向上させた。

改修事例（図1～2）の断熱玄関扉は，熱貫流率 K 値が 17.4 W/(m^2·h·℃) で，次世代省エネ基準 I 地域（北海道）の熱貫流率に対応した高性能のものである。扉厚も 60 mm で，快適性と遮音性に優れ，防犯上の安心感もある。なお，熱貫流率 K 値（W/m^2·K）は熱の伝わりやすさを表しており，下式で与えられる。

　　熱貫流率 K 値（W/m^2·K）= 1 ÷ R（m^2·K/W）

ここで，R は熱貫流抵抗を表しており，次式で計算される。

　　R = 外側表面の熱抵抗（m^2·K/W）
　　　　+ Σ 材料の厚さ（m）÷ 材料の熱伝導率（W/m·K）
　　　　+ 内側表面の熱抵抗（m^2·K/W）

(b) 玄関の壁を内断熱（真空断熱）した事例

図3，RC造住宅の玄関の断熱性能が低いため，北面の玄関から階段に続く空間の外部に面する部分に真空断熱を設置し，熱環境を改善する改修をした事例である。

玄関や階段など断熱の厚さを厚くできない場合に，真空断熱は効果がある。グラスウール 200 mm 相当の断熱材を，ボードと共で 30 mm 程度の厚さで施工可能である（図3）。

Before　　　　　After
図1　玄関改修のビフォー・アフター

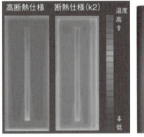

図2　玄関扉の表面温度
（株式会社 LIXIL 製品写真より転用）

図3　玄関に真空断熱を施した事例

1-10 床下の断熱と気密を診る

外気に接している部位は、外壁・開口部だけでなく床下にもある。床下の断熱・気密がおろそかであると、床からの放射で快適性が損なわれるおそれがある。にもかかわらず、床下の断熱・気密は盲点になっている傾向があり、快適性診断では注意が必要である。

(1) 床下断熱は要注意

図1・31は、築年数の古いRC住宅の床下を、浴槽回りの改修時に解体したところ断熱が施されていなかったことが判明した事例である。木造住宅でも、同様の事例が多いと推察される。目視では確認しにくい部分ではあるが、仕様を確認する必要がある。

(2) 床下断熱と気密の状況を診る

床下の断熱と気密の状況を診る方法としては、竣工図面類の内容を確認する方法、居住者への聞き取り調査をする方法が考えられる。

また、床面の表面温度を検証してみることで床下断熱の状況を推測することも考えられる。とくに、ピロティの直上にある部屋については、室内床面の表面温度とピロティ上面の表面温度を比較し、温度差が小さい場合には、床下断熱の不十分さを疑うべきである。

さらに、次のような調査方法も考えられる。

① 和室の畳を移動する、もしくは床下収納を撤去し、目視で床下の断熱・気密状況を診る。
② キッチンや洗面台の下部より下地を撤去し、床下の断熱・気密状況を目視で診る。
③ 木造住宅の布基礎の通風口を利用し、目視もしくは工業用内視鏡カメラ等で断熱・気密状況を診る。

なお、暗部では、カメラ撮影が難しいため、天井内や床下の撮影には、暗視カメラを利用することも考えられる。

(3) 3次元スキャニングを活用した断熱状況の把握

3次元スキャニング[1]により、住宅の断面図を計測することも今後は一つの方法として考えられる（図1・32）。

従来のカメラと異なり、3次元スキャニングでは壁・床などをはさんだ両方の空間をスキャニングすることで、仕上げで隠された壁の断熱の厚みや、断熱の垂れ下がりが詳しく推定できる。断面形状を把握するうえで、大変有効である。

図1・31 浴室の床下が断熱されていないことが解体時に判明した事例

（解体した浴槽やタイル回りに断熱材はない）

---

1) 3次元スキャニングとは、レーザーを照射したり、センサーをあてることによって対象物の3次元の形状・凹凸を感知し、対象物を構成する点群の3次元の座標データ（X, Y, Z）を取得する装置。

図1・32 3次元スキャニングによる断面把握で床下などの断熱状況の推定事例

(4) 改修工事で床仕上げを撤去した事例

RC住宅の床仕上を撤去した事例では、床上に断熱材が置いてあるだけで、経年により、その形状が硬化収縮して、すき間だらけになっている事例があった（図1・33（a））。この住宅では、カビが発生して下地の建材も劣化していた。この住宅は特殊な床下からの空調方式をとっていたために、断熱材の耐久性にも悪い影響があったと考えられる。

この住宅では、図1・33（b）に示すように、改修時に断熱パネルを敷きつめたうえで、パネル間の継目、すき間を発泡断熱材で充填し床下の断熱・気密を改善した。

(a) 改修前（断熱材が経年で形状変化し，すき間が発生）

(b) 改修後（断熱材パネルを敷きつめたうえで，すき間を発泡系断熱材で充填）

図1・33 床下断熱の改修前後

1-11 ピロティ・吹抜け空間・屋根の断熱を診る

ピロティや外気に面した吹抜け空間や風除室，最下階床（1-10），また，車庫等の外気温に近い室温の空間に接する部分や部位は，断熱性が劣り，室内環境の快適性を著しく損ねるとともに，エネルギー使用効率も悪化させてしまうおそれがある。建物全体の断熱上の盲点になりやすいので，点検が必要となる。

(1) ピロティ・バルコニーの断熱層を調べる

図1・34のような下階がピロティの場合，上階の快適性はピロティ上部の断熱性に依存しており，それだけに断熱層の有無，状況についての検証が必要である。

なお，寒冷地でピロティの十分な断熱ができないことが判明した場合は，下階の天井内に放熱器を設置し，床下内温度は5℃以上にすることが望ましいとされている（図1・35）。

また，バルコニーやピロティは断熱層の切れ目が出てヒートブリッジとなっている場合もある。とくに内断熱方式では，断熱材がバルコニーや梁の出などで途切れてヒートブリッジとなっている場合が少なからずあるので，断熱ラインが切れがないか注意を要する。

ピロティ，バルコニーの断熱層の状況は，図面や建物目視によるほか，表面温度計や赤外線カメラで表面温度の高低・差異や非連続性を検証することで推測できる。

(2) 吹抜け空間のコールドドラフト対策を診る

外気に面した大きなガラス張りの吹抜け空間等では，ガラス面からの冷気が床面に降下し，足元に冷気が流れ込むコールドドラフトが起こりうる（1-3, p.23）。

表面温度計や赤外線カメラで，表面温度や周辺空気温度との差が表れていないか調べてみるとよい。

コールドドラフトが起きていることが判明した場合は，図1・36のように，大ガラス面の足元だけでなく，中間高さのサッシ等の部材にもパネルヒーターを組み込んだり，窓面に専用の空調の吹出し口やファンコイル等を設けるなどガラスの表面温度を下げないための工夫や，床暖房や床・吹出しにより床面への冷気の滞留を防ぐなどの対策が必要である。また，ガラスの表面温度や床回りの温度を計測することで，これらの対策が有効に働いているか検証できる。

(3) 屋根の断熱を診る

屋根は外気に接しているため，その断熱性能は，建築全体の熱性能に重要な影響を与える。しかし，外壁・開口部に比べ関心が払われない傾向があり，快適性向上の盲点となりうるので注意が必要である。

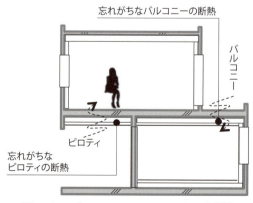

図1・34 ピロティやバルコニーからの熱影響

図1・35 寒冷地のオフィスにおけるピロティ部上層階のコールドドラフト防止

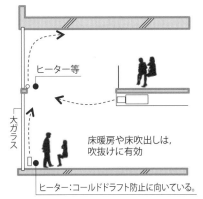

図1・36 寒冷地のオフィスにおける吹抜け部におけるコールドドラフト改善策

(a) 断熱層を調べる

小屋裏等の断熱の位置や状況を把握することがとくに重要である。

屋根回りの断熱の位置（図1・37）を詳しく調べるには，次のような方法がある。

① 押入れや収納の天井等から天井裏の断熱層の様子を目視で確認する。
② アクセスルートがあれば，床下の事例同様に，小屋裏空間を3次元スキャニングや暗視カメラ等で撮影し，断熱・気密状況を把握する。

屋根と外壁との納まり，通気層の位置が重要であり，注意を要する（図1・38）。周囲の表面温度を測定することで，断熱層のすき間がないかを推定する。

(b) 断熱材が入っていても効いていない場合がある

既存の住宅では，断熱材料が垂れ下がっていたり，変形してすき間がある場合がよく見られる。これでは断熱の効果は得られない。このため，目視できるルートがあるならば屋根の断熱層（図1・37（b））の特定にあたっては，断熱材料の垂れ下がり，すき間などがないか診ることが望ましい。

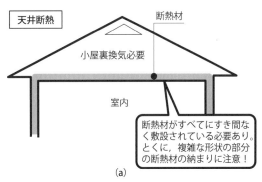

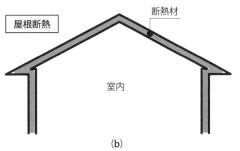

図1・37 天井断熱と屋根断熱の位置

図1・38 屋根断熱と壁断熱の納まり事例

1-12 オフィス空間の快適性を診る

(1) オフィスにおける温熱快適性要因

オフィスなど大空間における温熱快適性は，室内温度分布，室間温度差，放射する床・壁・天井の表面温度，湿度，上下温度差，気流などに関係する。これらを包括的に把握することにより，快適性を総合的に評価できる。

(2) 温度分布の計測

オフィスの場合，代表的なインテリア中央部分，方位の異なる部屋，外壁や窓近傍，区切られた会議室，廊下や共用部など部屋ごとの温度分布に注意して室内温度を計測することが大切である。加えて，外壁や窓面からの放射熱も同時に計測するとよい。放射熱はグローブ温度計で計測する（1-1 参照）。ただし，グローブ温度計は，計測者自体の人体からの発熱や PC・モニター機器，タスク照明等の発熱源から影響を受けるので，計測時はそれらの影響に注意する必要がある。

(3) 平均温度の目安

室内温度は，17℃ 以上 28℃ 以下が望ましいとされる。ヒートショックを避けるためには，室間温度差は，5 deg 以下が望ましい。夏期は 26℃（湿度 50%），冬期は 24℃（湿度 40%）程度が空調の目標温度とされている。放射温度の場合は，夏期 28℃，冬期 22℃ 程度であるとされている。

ここで，放射温度とは，床・壁・天井などの表面温度が人に与えている放射熱をいう。

(4) 放射環境の目安

放射環境は，乾球温度計（通常の温度計）で計測される室内温度と，グローブ温度計（1-1 参照）で計測される放射温度との温度差が少ないほど良好で快適であるとされている。これは，床・壁・天井と人との間での放射熱のやりとりが小さいことを意味している。

(5) 上下温度差の目安

上下温度差とは，一般に，くるぶし（床面 + 0.1 m）と頭部（着座の場合の床面 + 1.1 m）の高さ（立位で作業する場所の場合は床面 + 1.6 〜 1.7 m）の温度差をいう。上下温度差が 3 deg 以内が快適であるといわれている。断熱性・気密性が不十分であると，室内の上下温度差は大きくなる。足元が暖かく，頭の位置が寒い状況，いわゆる「頭寒足熱」が快適である。

(6) 相対湿度の目安

湿度は，40% 以上 70% 以下であることが望ましい。冬期は乾燥しているため，細菌やウイルス予防のために 40% 以上に保つ必要がある。夏期はカビやダニの繁殖もあるため，湿度を 60% 程度に抑えることが望ましい（湿度計は付録参照）。

(7) 気流分布の目安

空気搬送する空調方式では，居住域の風速は，およそ 0.25 m/s 以上 0.40 m/s 以下とされている。快適な気流は 0.1〜0.2 m/s 程度である。室内用の風速計を用いることで，気流分布を推定できる。

(8) 快適指数

快適指数 PMV（Predicted Mean Vote）[1]とは，快適性を表す指数で，温度環境に関する6要素（空気温度，平均放射温度，風速，相対湿度，着衣量（表1・8），代謝量）から PMV を算出し，総合的な快適度を求めることができる。

PMV が－0.5～＋0.5 の範囲であればおよそ80％の人にとって温熱環境が快適であるとされる（図1・39）。例えば，図1・40，41の夏期のオフィスの事例では，24.5～26.5℃ 程度の温度のムラはあるが，PMV 値は0～0.8で1より小さく，概ね快適な状況であることがわかる。

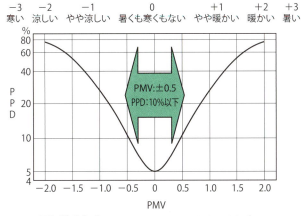

図1・39 PMV 指数，PMV 曲線

表1・8 着衣量による clo 値

着　　衣	clo 値
半ズボン，半そでシャツ，パンツ，サンダル	0.3
夏ズボン，半そでワイシャツ，半そで下着，パンツ，靴下，靴，夏上着，ネクタイ	0.56
冬ズボン，長袖ワイシャツ，下着，ハイソックス，靴，セーター，冬上着	1.09

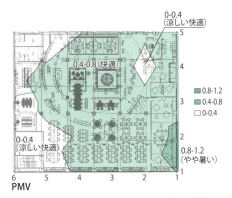

図1・40 オフィスにおける温度分布と快適性の関係（事例）

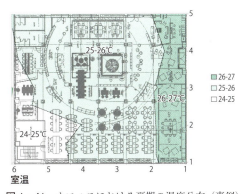

図1・41 オフィスにおける夏期の温度分布（事例）

---

[1] 1970年デンマーク工科大学の Fanger 教授によって発表された，温熱環境における快適性の指数である。

第3章　空気環境を見つめ直す

1-13 結露の有無を診る

(1) 空気線図から"結露"という現象を理解する

冷凍庫にグラスを入れて冷やし、暖かい部屋に出してしばらくすると表面にたくさんの水滴が現れる。これは、グラス表面の温度が室温より低く、その周辺の空気は0℃近くになり、空気中に含みきれない水分がグラス表面に水滴となって現れるためで、これを**結露**という。

空気線図は、横軸に乾球温度を、縦軸に絶対湿度（水蒸気分圧）をとって、**飽和水蒸気圧**などを表示したグラフで、結露という現象を理解する手助けになる。図1・42で、**飽和水蒸気圧線**（相対湿度100％の相対湿度曲線）は、各温度における空気が水蒸気を含む限界の量を表している。

また**露点**とは、ある温度と湿度のとき、飽和水蒸気の限界となる温度のことを表していて、それより温度が下がると結露が発生する（図1・42 (a)）。

例えば、図1・42 (b) で、温度28℃、湿度80％（点ア）のときの露点は約24℃であり、温度18℃、湿度60％（点イ）のときの露点は約15℃で、温度と湿度により異なってくる。室温18℃のときの空気中に含むことができる水蒸気の量は約16 mmHg（点ウ）であり、室温が10℃に下がると、約10 mmHg（点エ）という量の水蒸気の量しか含むことができないことがわかる。

室温が下がり、その部屋の水蒸気の量に変化がなければ、余った約6 mmHgの水蒸気は空気中に含むことができず、水滴など目に見える形になって現れる。これが結露という現象となる。

(2) 表面結露を診る

窓表面の温度、室内側壁表面の温度が、室内空気の露点温度より低いと、外気に直接触れている窓ガラス面や暖かい空気が行き渡りにくい部屋の隅などの表面に結露が発生する。また、図1・43は住宅内部の入隅部の温度分布例を表しており、表面結露が起こりやすいことを示唆している。表面結露の有無は目視や、居住者への聞き取りで確認できる。

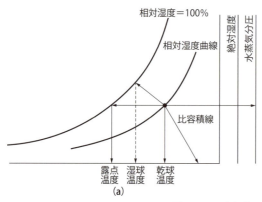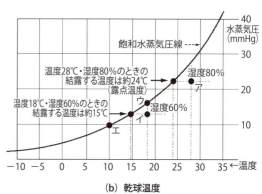

図1・42 空気線図上の結露メカニズム

表面結露が発生している状態では，窓面や壁面の表面温度が露点温度以下になってしまうほど，その部位の断熱が不十分であることを示している。

(3) 内部結露を診る

室内の水蒸気が壁の中に浸入し結露することを**内部結露**という。断熱性が向上すると，壁体の内外での温度差は大きくなる。そうすると，夏は外部から壁体内に侵入した水蒸気が冷えた室内側仕上げ付近で露点に達する可能性がある。逆に，冬は室内から侵入した水蒸気が外壁仕上げ付近で露点に達する可能性がある。

とくに木造在来構法では，内部結露は，カビ等による衛生上の問題だけでなく，部材の腐朽により構造安全性をおびやかすおそれがある。にもかかわらず内部結露は発見が遅れる場合が多く，注意を要する。

内部結露の有無は，次のような現象の有無から推測する。

- 押入れの床や壁のクロスからカビが発生している，あるいは湿気ている。
- 畳をめくると畳の裏面と床がべたべたしている。

(4) 内部結露の対策

内部結露が疑われた場合は，防湿と湿気の排出による対策が必要となる。

防湿とは，水蒸気が壁内や小屋裏・床下に入らないように，天井・壁・床内の室内側に防湿層を設けることを指す。

湿気排出とは，小屋裏・壁内・床下全体をできるだけ乾燥状態に保つため，外気から浸入した湿気や室内から漏れた水蒸気をすみやかに排出することをいう。

(a) 室内側への防湿層の設置

室内水蒸気が壁内に入らないようにする。防湿層付きのグラスウール断熱材の場合，プラスチックフィルムなどの透湿抵抗[1]の大きい材料が防湿材として片面に貼り付け加工されている。その防湿層の糊代(のりしろ)を隅々まで確実に室内側の柱，間柱の見付け面にステープルで留める。

(b) 通気層の設置

万一水蒸気が浸入しても外へ排出されるような構造であればより安全である。外壁の外気側に厚さ18 mm（できれば20 mm以上）程度の通気層を設け，構造内部に浸入した水蒸気を排出する。なお，このような構法では，通気層に入った外気や雨水が壁内に入り込まないように防風材，防虫材を取り付けられている。

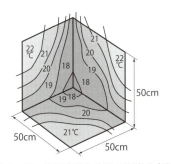

図1・43　住宅内部の入隅の温度分布例

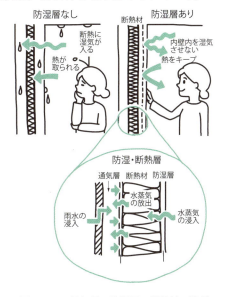

図1・44　通気層・防湿層・断熱材の関係
（作画：稲垣敬子）

---

1) 透湿抵抗（単位：m²·h·(mmHg/g)）：湿気の通しにくさを示すもので，数値が大きければ大きいほど，湿気を通しにくいということになる。

1-14 カビ発生の有無を調べる

(1) カビの健康影響

カビは，住居・家具・衣類・食品などあらゆるものの劣化原因となるばかりでなく，アトピー性皮膚炎やぜん息などのアレルギー性の病気を引き起こすこともある。カビはダニの餌となることからダニを繁殖させ，さらにアレルギーを悪化させるおそれがある。また，発ガン性もあるといわれている。

結露とカビには，密接な関係がある。一般的にカビは，室温20〜30℃，あるいは湿度60〜80%で生育しやすいとされている。結露に至る一歩手前がカビの生育に適した環境となっていることになる。

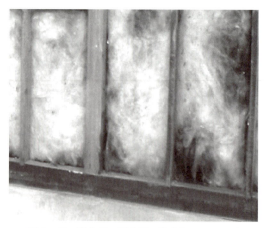

図1・45　壁内部の断熱材に発生しているカビ

(2) 壁体内結露によるカビ

内部結露に至るような環境が生じると，壁の内部にカビが増殖する。断熱材自体にカビが発生する場合もある（図1・45）。

(3) カビを発生させる場所の予測

カビの有無を調査するにあたっては，発生しそうな場所を予測して行うとよい。一般に，次のような場所に発生しやすいとされている（図1・46）。

- 結露の起こりやすい場所
- 湿気の多い場所
- 水蒸気を発生させる場所：冬の石油・ガスストーブ，加湿器（湿度を高め，コンロやストーブの湿気から壁内部にカビを発生させる場合がある）。図1・47は，集合住宅での水蒸気発生源を示す。
- 空気の流れが乏しい場所
- 北側の部屋（他の部屋よりも温度が低くなり，相対湿度が上がりやすい）

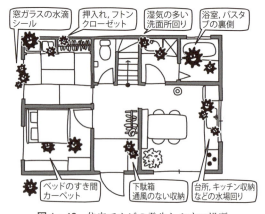

図1・46　住宅でカビの発生しやすい場所
（作画：稲垣敬子）

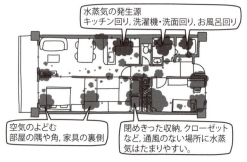

図1・47　集合住宅における水蒸気発生源
（作画：稲垣敬子）

(4) カビの調査について

(3)項で予測した場所を中心にカビの有無を調査する。調査は目視によるほか，カビの臭いの有無も手掛かりになる。臭い計による**臭い強度**を測定する方法も有効である。臭いセンサーなどで臭いを指数化し，数値でカビの有無を把握できる。

また，落下菌法という方法もある。これは，一定の大きさの平板培地を5分〜20分開放しておき，その平板培地表面に落下した微生物を培養し，空中に浮遊しているカビの種類・量を推定するという検査方法である。この方法では，落下真菌（カビ・酵母）の菌数は，1箇所に2枚のシャーレを使用し，室内に浮遊し落下してくる真菌数を測定することにより汚染状況を推定する。

(5) 水蒸気の発生源と湿気の伝播を確認する

水場のある部屋で発生した水蒸気は，扉のすき間などを通って他の部屋にも流れ，全体として拡散しようとする性格がある。そのため，水蒸気（湿気）はできるだけ早く外に逃すことが好ましい。だが，換気している部屋の水蒸気は外に放出されるが，押入れなど閉め切られた部屋の水蒸気は残ったままになる。そこで，ポータブル型の高精度温湿度計（図1・48）を用いて，室内の湿度を計測することで湿気の状態を知ることは一つの方法である。

図1・48 ポータブル型高精度温湿度計の例

(6) カビ対策の効果検証

カビが発生している場合，またはその懸念がある場合は，次のように建物の使い方を工夫してその効果を検証していく必要がある。

- 湿気の出やすい場所と物に考慮すると水蒸気が発生すると思われる場合は，積極的に換気をする。外気温湿度によって機械換気が自動で働く，24時間換気を活用することも一つの方法である。
- 押入れ・クローゼットなど空気の流れの悪い空間の空気を入れ換える。
- 晴れた日は，窓を開放するか，換気扇をつねに回しておく。
- 気密性の高い集合住宅では，水蒸気を発生させる石油やガスストーブを設計上想定していない場合もあるので利用には注意する。
- すき間からの湿気を含んだ空気の侵入がないか（防湿層が途絶えていて，建物のくるみ方が不完全ではないか）検証し，もしすき間があるようであれば防湿層が連続するように補修する。

以上の対策を施したうえで，(4)，(5)の調査をくりかえし，効果を検証する。

1-15 自然風の取り込み／換気システムの有効性を診る

(1) 換気の目的

建築内部では，水蒸気が発生するとともに，人間が発生させる CO_2，臭気，室内で発生する塵埃（粉塵，タバコ，オイルミスト），殺虫剤，燃焼に伴う CO，NOx，建材から発生する VOC，ホルムアルデヒドなどの室内汚染物質が発生している。

換気は，室内の湿気や，建物外部から新鮮空気を取り入れることで室内汚染物質を排出し，室内の空気の清浄度を保つことを目的としている。また，換気による通風で，人が感じられる程度に気流を起こし，暑さに対して体感温度を下げる効果もある。

(2) 自然換気と機械換気

換気方法には，自然換気と機械換気がある。
住宅では，微風の状態でも，部屋の自然換気が可能である。乾燥した季節や時間で積極的に自然換気することは重要で，機械換気に過度に頼らないことが重要である。

自然換気には，風力を利用した換気，重力を利用した換気がある（図1・49）。

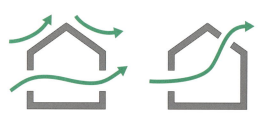

(a) 風力換気　　(b) 重力換気（煙突効果）
図1・49　自然換気の2方式

(3) 自然換気の効き方を調べる

(a) 平面図により自然換気を検証する

自然換気をよくするには，風が入る開口と，出口となる開口の位置や大きさが重要である。平面計画上，南風を北に逃し，北西からの北風を防ぐようなレイアウトが通風に適しているとされる（図1・50）。また，建築回りの季節ごとの卓越風の方向（主な風向き）は，気象庁のアメダスなどで調べることができる。図1・50に示す換気の計画意図と卓越風の方向が整合するのかを検証する。平面図を分析することで，開口部の開閉による自然換気が有効であるかどうかを推定できる。

(b) 断面図により自然換気を検証する

建物の内と外に温度差があるとき，室内の暖かい空気は，膨張して軽くなって上昇する。このように温度差によって生じた浮力で空気が動いて生じる換気を重力換気（または温度差換気）という。暖かい空気は上昇し，建物の上方の壁面に作用して外へ逃げようとする空気の流れが生じる。

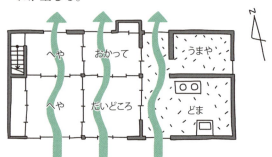

図1・50　自然換気と平面計画

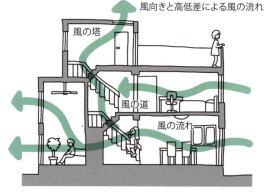

図1・51　自然換気と断面形状

開口部の面積や，開口部どうしの高さの差が大きいほど，換気量は大きくなる。窓に内接する円のサイズに換気量は関係し，小さな窓では，体感が得られるほどの気流はなかなか生じない。天井に近い高い位置に開放できる窓を設置すると効果的であるとされる。

温度差換気量は内外の温度差に比例し，内と外の温度差が大きいほど空気は入れ替わる。建物の下のほうでは，外の冷たい空気の圧力のほうが大きくなり，外から室内に流れ込む。

以上のような自然換気の性質を理解したうえで，断面図から開口部の位置，大きさを把握し，自然換気の有効性を推測する（図 1・51）。

(c)　換気量を計測する

図面による推測をより確からしくするためには，実際の建築空間における確認が必要である。

開口部の開閉により気流を体感して確認することも考えられるが，ポータブル型のデジタル風速風量計（図 1・52）を用いて計測し検証する。

(4)　換気の有効性を診る

(a)　必要換気量

建築基準法では，1人当たり毎時 20 m³ の新鮮外気量を導入することが定められ，市販されている換気機器は，その風量を確保する容量になるよう設計されているはずである。また，シックハウス対策のためには，24 時間 0.5 回/h の換気回数（1 時間当たりに部屋の空気の半分が入れ替わること）が必要とされている。

さまざまな換気ルートがあるため，すべてを計測するのは難しいものの，自然換気が有効に働いているかを確かめるには換気量を測るとよい。

十分に有効な自然換気を得られないと評価された場合は，機械換気で補完することを検討する。

(b)　CO_2 濃度から新鮮空気量を推測する

換気によって入れ換わる室内の新鮮外気量は，CO_2 濃度を計測することによって推計できる。具体的には，室内のダクト（図 1・53）や室内の壁面に CO_2 センサーを設置し計測することによって新鮮空気量の推測が可能である。

(c)　室内汚染物質の濃度測定

ホルムアルデヒドの濃度を測ることで，汚染物質を排出するという換気の目的が達成されているかを検証できる。

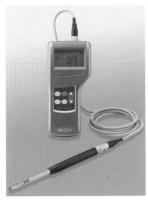

図 1・52　ポータブル型デジタル風速風量計

図 1・53　空調ダクト用の CO_2 センサー

1-16 機械換気の有効性を診る

(1) 機械換気の方式

以下に機械換気方式の種類を示す（図1・54）。

- 第一種換気：給気と排気の両方とも換気ファンを利用するもの
- 第二種換気：給気は換気ファン，排気は排気口を利用するもの
- 第三種換気：排気は換気ファン，給気に給気口を利用するもの

常時臭気や汚染源がある場所には，機械換気の連続運転が向いている。また，使い勝手に合わせて汚染を発生する場所には，間欠運転が向いている。

平面図などにより臭気や汚染源の発生場所を特定したうえで現場にいき，換気状態やその運転状態を目視などで確認し，連続運転，間接運転の選択が上記の原則にあてはまっているかを検証する。

(2) 機械換気の経路に問題がないか調べる

換気経路には，給気と排気経路があり，新鮮外気をどのように取り込み，排気して換気経路が機能しているのか，次のような点を検証する。

- 給気口・排気口が適正な寸法であるか（ガラリの面風速は2～4（m/s）程度が目安）。
- 給排気口が近くにはなく，両者が10m以上離れているか，もしくは異なる方位に設置してあるか。
- ガラリ，アンダーカット（居室の空気を換気設備へと導くために居室の建具を10mm程度切り欠くこと），リタンパスなどの換気経路が確保されているか。
- ベントキャップ，ガラリからの雨水浸入防止，防虫がなされているか。

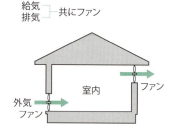

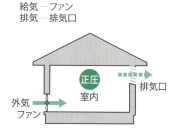

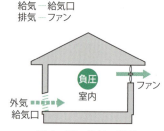

図1・54 換気の種類

- 給排気口が汚れていないか。
- 給気口の近くに臭気源，ガス，台所等の排気がないか。
- 排気口が近隣の給気口や窓の近くにないか。

(3) 天井裏の換気を調べる

天井裏が気密層や通気止めにより居室と遮断されていない場合，換気対策が必要となる。天井裏を自然換気する場合は，断熱層の位置に注意して，天井裏の空間のみで給排気ルートが形成されているかを確認する。機械換気を行う場合は，居室から気密層を破って空気が流入（漏気）しないように，天井裏空間を区切った換気ルートが確保できているかを確認する。

(4) 機械換気による適正外気量の検証事例

機械換気は，必要以上の換気をしてしまっている可能性がある。機械換気は搬送動力を使用するため，過剰な換気は省エネルギーの観点からみて好ましくない。

そこで，適正な機械換気量を推定するために行った調査例を以下に示す。この調査では，CO_2 濃度計を室内に設置して室内 CO_2 濃度を把握し，外気量が基準値の 1000 ppm に比較して，機械換気が過剰かどうかを分析した。一方，空調機の使用エネルギーを測るため，空調機に冷温水の往きと返りの温度センサーを設置し，その温度差を測定し，使用エネルギーを推定した。

図 1・55 は，調査対象となった公共施設集会室の 1 週間の空調機の運転データである。図 1・56 は，同じ場所での CO_2 濃度と室温の時間的推移を表している。

図 1・55 と図 1・56 を読み合わせて解釈すると，夕方の空調熱量ピーク時に人が多く，室内 CO_2 濃度は上がっているものの，基準値の 1000 ppm よりはるかに低く 530 ppm 程度にしかなっていない。外気導入量が収容人員に比較して過剰なことがわかる。このことは空調機の外気導入量を抑制することで，搬送動力を節約し省エネルギーができることを示唆している。

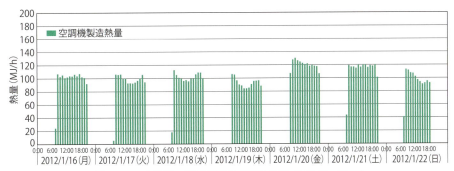

図 1・55 空調機の運転状況例（2012 年 01 月 16 日〜22 日）

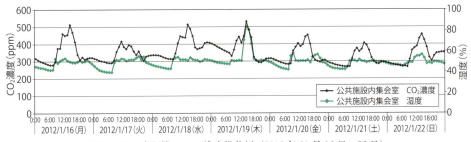

図 1・56 空調機の CO_2 濃度推移例（2012 年 01 月 16 日〜22 日）

1-17 ホルムアルデヒドと VOC を診る

　ホルムアルデヒド（Formaldehyde），揮発性有機化合物（VOC：Volatile Organic Compounds）等は，シックハウス症候群の原因物質であり，発がん性も認められている。室内空気の汚染源の一つとしては，建材や家具製造の際に利用される接着剤や塗料などに含まれるホルムアルデヒド等の有機溶剤，木材を昆虫やシロアリといった生物からの食害から守る防腐剤等から発生する揮発性有機化合物があるとされている。

(1) 建築基準法に基づくシックハウス対策

　シックハウス対策の規制（建築基準法施行令第20条の5）を受ける化学物質は，クロルピリホスおよびホルムアルデヒドである。

(a) クロルピリホスに関する規制
（令第20条の6）
- 居室を有する建築物には，クロルピリホスを添加した建築材料の使用が禁止されている。

(b) ホルムアルデヒドに関する規制
（令第20条の7）
- 内装の仕上げの制限：居室の種類および換気回数に応じて，内装の仕上げに使用するホルムアルデヒド発散建築材料は面積制限を受ける。

　ホルムアルデヒドを発散する材料を表1・9に示す。これらの建材が用いられている場合は注意を要する。なお，F☆☆☆☆（JAS），F☆☆☆☆（JIS）の大臣認定を受けたものは，規制対象外である。
- 換気設備の義務づけ（令第20条の8）：内装の仕上げ等にホルムアルデヒド発散建築材料を使用しない場合であっても，家具等からもホルムアルデヒドが発散されるため，居室を有するすべての建築物に機械換気設備の設置が原則義務づけられている。
- 天井裏等の制限：天井裏等は，下地材をホルムアルデヒドの発散の少ない建築材料とするか，機械換気設備を天井裏等も換気できる構造とする必要がある（図1・57）。（平成15年国土交通省告示第274号第1第三号）。

　図1・57に，ホルムアルデヒドに関する規

表1・9 ホルムアルデヒドを発散する可能性のある建築材料一覧

建築材料
① 合板　② 木質系フローリング
③ 構造用パネル　④ 集成材　⑤ 単板積層材(LVL)
⑥ MDF　⑦ パーティクルボード
⑧ その他の木質建材　⑨ ユリア樹脂板　⑩ 壁紙
⑪ 接着剤（現場施工，工場での二次加工とも）
⑫ 保温材　⑬ 緩衝材　⑭ 断熱材
⑮ 塗料（現場施工）　⑯ 仕上塗材（現場施工）
⑰ 接着剤（現場施工）

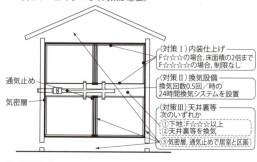

図1・57 ホルムアルデヒドに関する規制，住宅タイプ別の対応方法

制および，戸建住宅・集合住宅における対応方法を示す。設計図面での確認および目視調査により，図1・57に示された対応がなされているかを検証する。

(2) VOCの室内指針値

表1・10は，現時点で入手可能な毒性に係る科学的知見から，人がその濃度の空気を一生涯にわたって摂取しても，健康への有害な影響は受けないであろうと判断される値を算出したものである。ただし，室内に放置された場合，微量でも健康に影響を及ぼす可能性もあることに注意する必要がある。

総揮発性有機化合物（TVOC）について

室内空気質のTVOC暫定目標値を400 $\mu g/m^3$

表1・10 室内濃度指針値一覧表[2]

揮発性有機化合物	室内濃度指針値
ホルムアルデヒド	100 $\mu g/m^3$ （0.08 ppm）
アセトアルデヒド	48 $\mu g/m^3$ （0.03 ppm）
トルエン	260 $\mu g/m^3$ （0.07 ppm）
キシレン	870 $\mu g/m^3$ （0.20 ppm）
エチルベンゼン	3800 $\mu g/m^3$ （0.88 ppm）
スチレン	220 $\mu g/m^3$ （0.05 ppm）
パラジクロロベンゼン	240 $\mu g/m^3$ （0.04 ppm）
テトラデカン	330 $\mu g/m^3$ （0.04 ppm）
クロルピリホス	1 $\mu g/m^3$ （0.07 ppb） 小児の場合0.1 $\mu g/m^3$ （0.007 ppb）
フェノブカルブ	33 $\mu g/m^3$ （3.8 ppb）
ダイアジノン	0.29 $\mu g/m^3$ （0.02 ppb）
フタル酸ジ-n-ブチル	220 $\mu g/m^3$ （0.02 ppm）
フタル酸ジ-2-エチルヘキシル	120 $\mu g/m^3$ （7.6 ppb）

としている。この数値は，国内家屋の室内VOC実態調査の結果から，合理的に達成可能であるとして決定した値であり，室内空気質の状態の目安として利用されることが期待される。ただし，TVOC暫定目標値は，毒性学的知見から決定したものではなく，含まれる物質のすべてに健康影響が懸念されるわけではない。また，個別のVOC指針値とは独立に扱われなければならない。

(3) ホルムアルデヒドの室内空気濃度と計測法

居室内の気中濃度として，WHOや厚生労働省により0.08 ppmの指針値が設けられている。建築物における衛生的環境の確保に関する法律（通称：ビル管法）において，同等の基準値1 m^3 につき0.1 g以下（0.08 ppm）が設けられている。計測方法は，DNPH捕集─高速液体クロマトグラフ法または，AHMT吸光光度法，厚生労働大臣指定の検知管を利用する方法がある。

高速液体クロマトグラフ法とは，部屋の空気を捕集器に吸着させ，これを密閉して分析機関まで運び，専用の高速クロマトグラフ（HPLC）で定量する方法である。また，AHMT吸光光度法とは，捕集したサンプルを分光光度計を用いて吸光度を測定することで，ホルムアルデヒドの濃度を測定する方法である。検知管による方法とは簡易な測定方法で，ホルムアルデヒドと化学反応を起こす細い検知管を現場で小型吸引ポンプに取り付けて空気を吸引し，反応による着色状態から濃度を推定する方法である。

参考文献
1) 国土交通省ホームページ　より
2) 厚生労働省　医薬・生活衛生局　医薬品審査管理課　化学物質安全対策室　シックハウス対策ホームページ　より

第4章　光環境を見つめ直す

1-18
よく見えるかを診る（照度，グレアをチェック）

建築空間にあるものがよく見えるかどうかについては，単に照度だけでなく，照度の均斉度，グレア，演色性が関係する。これらの指標を計測し総合的に評価しなければならない。

(1)　室内照度の測定

単位時間にある面を通過する放射エネルギー量を**放射束**という。放射束を目の感度のフィルタ（分光視感効率）にかけてみた量を**光束**といい，単位はルーメン（lm）で表す。**照度**は単位面積当たりに入射する光束（例　水平面の明るさ）で与えられる。単位はルクス（lx）である（図1・58）。JIS Z 9110（2010）照明基準総則では，作業領域または活動領域における水平面，鉛直面などの基準面に平均照度を推奨照度として定めている。照度の計測は照度計で行う（図1・59）。机上照度は作業面を計測する。

(2)　照度均斉度を評価する

照度均斉度 U_0 は，作業領域または活動領域における平均照度に対する最小照度の比（＝最小照度/平均照度）である。

均斉度が1に近いほど，その空間は明るさにむらがなく，均一に照明が行われていることを示している。スポットライトなど局所照明を多用すると均斉度は低くなる。作業を行う机上で明るさに差があると，目が疲れ作業性が悪化するとされ，JIS Z 9110（2010）オフィスでは0.7以上確保するとされている（表1・12）。

自然光の場合は明るい部分と暗い部分に大きく差が生じるが，均斉度が0.1を下回らないよう，窓配置と照明を計画すべきといわれている。

測定者と作業・活動をする当事者が協議して，作業領域または活動領域を特定し照度均斉度を測定する。平均照度を求めるための照度測定方法は JIS C 7612 に定められている。例えば，事務所のタスク照明の照度均斉度を測定する場合，作業用の机上面が作業領域として設定され，10 cm メッシュの間隔で，照度が測定され照度均斉度が計算されている。

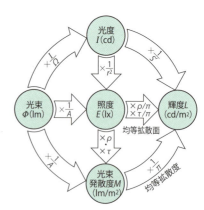

図1・58　基本的な測光量の相互関係

Ω：立体角（sr）　　　　　S'：光源の見掛けの面積（m²）
A：被照面の面積（m²）　　ρ：反射率
γ：光源と被照面間の距離（m）　τ：透過率

（出典：「照明工学」一般社団法人　照明学会　編集）

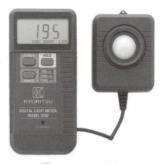

図1・59　照度計

(3) グレア（輝度）を評価する

グレアとは，照明器具の発光部や室内における窓面のように，周囲に比べ高輝度物体が視野内にあるとき，これが他の視対象物を見えにくくする状態，またはその存在が不快感を与える状態をいう。とくに直接太陽を見たり，夜間の車の運転で対向車の前照灯の光が目に入ると光源から眼球に入射する光が眼球内で散乱しものが見えにくくなるグレアを**減能グレア**とよぶ。

これに対し，高輝度物体の存在によって心理的に不快感を受ける場合を**不快グレア**という。グレアは個人の感覚に依存し，光環境を総合的に考慮する必要もあるため，評価方法は単純ではない。

そのため，とくに不快グレアについては，これまでにさまざまな定量的評価方法が提唱されてきたが，その基本式は，次のとおりであるとされる。

$$M = \frac{L_s^a}{F^c} \cdot \frac{\omega^b}{P^d}$$

M：不快グレア：大きいほどまぶしい（cd/m²）
L_s：光源の輝度：輝度が高いほどまぶしい（cd/m²）
ω：光源の立体角：大きいほどまぶしい（sr）
F：視野の平均輝度：低いほどまぶしい（cd/m²）
P：光源の位置指数：距離が近いほどまぶしい（m）
a，b，c，d：定数

ここで，**輝度**とは光線面からある方向への光度（ある方向への単位立体角当たりの光束：単位はカンデラ（cd））を，その方向への光源の見掛けの面積で割った値（cd/m²）である。輝度は，市販されている輝度計で測定できる。ただし，照度計に比べて高価であり，必要に応じてレンタルで使用するのも一つの方法である。

(4) 演色性を評価する

水銀ランプなどに照らされた物体は，本来の色とは違ってみえる。このように，ある物体を照らしたときに，物体の色の見え方に及ぼす光源の性質を**演色性**という。演色性は，その物体からの照明への反射光の分光組成が変わるため異なる色に感じることにもよるとされる。

ある試料光源の演色性は，15種類の試験色を試料光源で照明したときの色の見え方と，試料光源の色温度と等しい色温度の基準光源で照明したときの色の見え方を比較し，その色ズレの大きさ（色差：ΔE）で表す。

演色評価数は，下式で表される。

$$R_i = 100 - 4.6 \cdot \Delta E \quad (i = 1 \sim 15)$$

各基準光源 No.1〜No.8 の演色評価数の平均を表すものが平均演色評価数 R_a である。

R_a は色の見え方に近いほどどれだけ近いかを数量的に表したもので，100 に近いほど演色性がよいとされる。言い換えれば，自然光を基準として，R_a が 100 に近いものほど「良い」「優れる」，かけ離れたものほど「悪い」「劣る」と判断されることもある。

(5) よく見えるかを診る

(1)〜(4) を踏まえ，JIS Z 9110（2010）は，建築の用途別，作業・活動空間別に，望ましい照度，照度均斉度，グレア制限値，平均演色評価数を定めている（表1・11）。

表1・11　基本的な照明要件（屋内作業）
(JIS Z 9110：2010)

領域，作業，または活動の種類	照度	照度均斉度	グレア制限値	平均演色評価数
	E_m〔lx〕	U_o	UGR_L	R_a
ごく粗な視作業，時折りの短い訪問，倉庫	100	—	—	40
作業のために連続的に使用しない所	150	—	—	40
粗な視作業，継続的に作業する部屋（最低）	200	—	—	60
やや粗な視作業	300	0.7	22	60
普通の視作業	500	0.7	22	60
やや精密な視作業	750	0.7	19	80
精密な視作業	1,000	0.7	19	80
非常に精密な視作業	1,500	0.7	16	80
超精密な視作業	2,000	0.7	16	80

(JIS Z 9110（2010）直接の出典「照明工学」照明学会編集)

1-19 屋根・外壁の色を診る（熱をむだにする色がないかをチェック）

建築の熱性状や建築周囲の気温は，屋根・外壁への日射の反射率が高いか低いかによって，影響を受ける。ここで，**日射反射率**とは，図1・60に示すように，表面に入射するエネルギーに対する**反射光束（反射エネルギー）** の比率である。反射光束の比率が小さい場合，それだけ日射エネルギーが建築の外壁・屋根に吸収されることを意味し，熱エネルギーを蓄えた屋根・外壁からの熱放射は，快適性を損ねたり，周囲の気温を上昇させヒートアイランド現象を引き起こすリスクを高める。

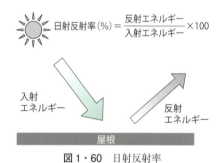

図1・60 日射反射率

なお，日射反射率は光の波長によって異なる。物質に吸収されて熱になりやすい近赤外線領域の日射反射率の傾向と，可視光域の反射率の傾向，全体の日射反射率には著しい差異がないことから，可視光域である建物の表面の色による日射反射率の違いは，そのまま反射エネルギーの比率の傾向を代表すると考えられる（表1・12）。そういう意味で屋根・外壁の色は，建築の熱容量や周囲の微気候に大いに関係していると考えてよい。

(1) 外観の色と日射反射率

表1・13は，表面の色と日射反射率の関係を示す。白は80%程度を反射し，黒はほとんど日射を吸収する。また，ライトグレーでも白には及ばず70%程度の日射反射率であることに，注意が必要である。

(2) 材料種類と日射反射率

表1・13に示すように，材料種類によっても日射反射率が異なる。なお，アルミなどの金属は，鏡面50〜80%程度，色が付いた壁紙やペイントは30〜40%程度の反射である。

高日射反射率塗料とは一般塗料に比べて，近赤外線領域の日射反射率が高い塗料を指す。

表1・12 マンセル明度と反射率，および色彩拡散面の反射率

(a) マンセル明度と反射率

明度	反射率（%）	明度	反射率（%）
10	100	6	29
9.5	88	5.5	24
9	77	5	19
8.5	67	4.5	15
8	58	4	12
7.5	49	3	6
7	42	2	3
6.5	35	1	1

(b) 色彩拡散面の反射率

色彩	反射率（%）		
	明るい	平均	暗い
黄	70	50	30
ベージュ	65	45	25
茶	50	25	8
赤	35	20	10
緑	60	30	12
青	50	20	5
灰	60	35	20
白	80	70	—
黒	—	4	—

表1・13 主な材料と日射反射率

材料	日射反射率（%）
完全黒体	0
アスファルト舗装	10
赤レンガ	20～30
樹木（緑葉）	20～26
コンクリート	35
芝生（緑葉）	25～35
白ペンキ	65～91
しっくい	80

（出典：梅干野 晁ら「白い街・黒い街とヒートアイランド現象～表面温度のシミュレーションを通して」日本ヒートアイランド学会誌 vol.2 2007.8）

(3) 屋根・外壁の色を点検する

屋根・外壁の色によって，建築やその近傍空間がため込んでしまう熱エネルギー量が異なることをふまえて，目視により，屋根・外壁の色，および材料種類を点検すると，建築の熱負荷を大きくさせてしまっている部位箇所を推定できる．その推定にあたり，屋根・外壁の表面にアクセスできる部位は表面温度計で，また，全般的には赤外線カメラを用いて撮影し確認するとよい．

外断熱と内断熱の場合に生じうる温度差（図1・61）を考慮すれば，赤外線カメラによる表面温度分布は，外断熱・内断熱のいずれであるかを推定する手掛かりも与えてくれる．

(4) 外壁温度計測でタイルの劣化を診る

赤外線カメラによる外壁の表面温度の測定は，外壁材の浮き上がりや，劣化状態を推定することにも用いることができる．例えば，外壁のタイル仕上げが浮き上がってしまった場合，浮き上がりの結果，空気層ができることから，タイルが浮き上がっている部位の表面温度性状が，周辺部位と異なる傾向を示すことになる

参考文献
1) 建築学大会22室内環境計画（昭和44年）
2) JIS Z 8721（1993）色の表示方法・三属性による表示

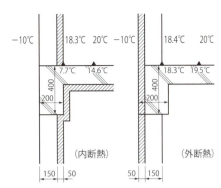

図1・61 断熱方法と各部温度の関係例

（図1・62）．こうした仕上げ材の浮き上がりに伴う，表面温度分布の不均一は，外壁面に日射があたり壁面温度が上昇した際に顕著にあらわれるといわれている．

表面温度の不均一な部位を重点的に，打診などによってより確実な検証の前に行うことは，保全の効率性・有効性を高めることになる．

近年では，赤外線カメラによる表面温度分析を劣化によるひび割れの解析評価にも応用しようとする研究も展開されている．

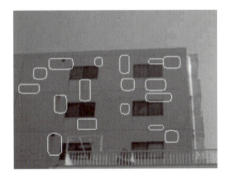

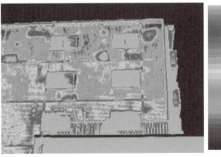

図1・62 外壁温度計測の例，タイルの浮きによる温度変化（一般社団法人日本耐震診断協会HPより）

1-20 照明の機能と配置を診る

照明の機能や配置は，光環境を演出する。光環境は，1-18 で述べた「ものがよく見える」ことや，使用エネルギーにとどまらず，その空間の住まい手・使い手にとっての安らぎや快適性も左右する。

照明の機能や配置が安らぎや快適性をもたらしているかを検証するには，次のような点に留意する必要がある。

① 空間を明るくするために，照明の数を増やしても，対比や反射率の影響で安らぎや快適性が必ずしも得られるわけではない。空間を構成するそれぞれの要素の見え方は，床・壁・天井の材質による反射，色合いによっても変化し，光の質，光の方向性，光源の数，組合せによってその感じ方が異なる。

② 自然光と照明などの人工光の組合せが重要である。晴天時の自然光は 100,000 lx であり，曇りでも 10,000 lx である。曇っていても十分に文字は読める明るさである。

③ 明るさだけを探求して，つねに快適な空間になるわけではない。暗さと明るさのバランスをとることで質の高い光環境が演出できる。

(1) 照明灯数の過不足を検証する

JIS Z 9110 による部屋の用途機能別推奨照度に基づくならば，その部屋で必要な照明灯数は図 1・63 により算定できる。これにより算定された照明灯数と現状の灯数を比較することで，過不足を検証できる。検証の結果，照明灯数が多すぎで，明るすぎる部屋で過ごしている現状が明らかになる可能性もある。

図 1・63 で，**照明率**とは，光源の全光束のうち作業面に達して利用されている光束が占める

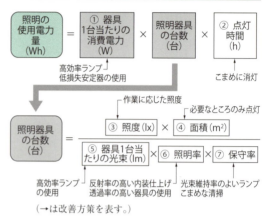

(→は改善方策を表す。)
図 1・63　照明電力と照明器具台数計算

割合をいう。保守率とは，劣化により光源の光束が減退することや，器具の汚れなどによって光束が減少することを考慮した係数で，光源がある点灯時間経過した後の初期照度に対する比率をさす。部屋に必要な照度に，部屋面積をかけあわせ，これを照明率と保守率で割れば，必要な総光束が求まる。この総光束を使用する照明器具1灯当たりの光束（lm）で割れば必要な照明灯数が求まることになる。ただし，図 1・63 の式は，部屋全体を同一照度で覆うことを前提にしている。作業面を明るくし，部屋の他の面は照度を落とすような場合は，部屋の空間を細分化して部分空間ごとに**必要光束**（必要照度×面積）を求め，これらを足し合わせて必要な全光束を求めることになる。

(2) 省エネルギー対策の現状を把握

図 1・64，図 1・65 に示すように，自然光の活用など，照明に係わる省エネルギー対策は種種考えられる。十分な省エネルギー対策がとられているのかを検証するため，次のような省エネルギー対策の有無を確認する。

① LED 照明など高効率照明の利用

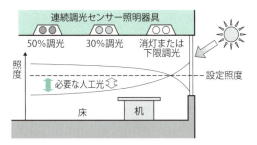

図1・64 オフィス照明の省エネルギー対策例（1）

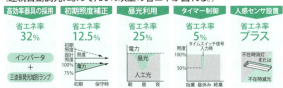

図1・65 オフィス照明の省エネルギー対策例（2）
（出典：NEC ファシリティの省エネ化資料 より）

② タイマによる消灯
③ 人感センサー付きセンサーによる点灯・消灯
④ アンビエント（部分照明）の活用：タスク（全体照明）と組み合わせ、むだに全体を明るくしないで、機能に合わせて個人個人で照度が保てるような照明方法の活用

自然光を可能な限り利活用しているかについても検証する。例えば、次のような方策がとられているかを確認する。

⑤ 昼光センサーとインバーターの組合せによる照度調整がされているか。
⑥ 北面採光（熱を入れずに光を取り込める。）や間接光を利用して昼間の人工照明の使用を抑制しているか。

(3) 照明の使い勝手の評価

次のような配慮がされているか実地に確認する。

① 用途機能に合わせた照度の確保
② 電球交換のしやすさ（電球種類の少なさ、作業アクセス）
③ 電球・器具の寿命の長さ、掃除のしやすさ
④ 室利用時間に応じたON-OFFによる電力使用量の節減

(4) 光環境に関する安全性を確認する

防災用に、下記のような点について機能するのかを確認する。

① 法令上設置義務のある非常灯や誘導灯の設置およびそれらの妨げになるものがないかの確認
② バッテリー内蔵型器具のバッテリー状態の確認

夜間防犯のため、次のようなしつらえが機能するのかを検証する。

① 残置灯の設置、および配置
② 防犯灯の設置：防犯カメラに連動してセンサーで照明をオンにした場合、カメラの必要照度を確保しているか。
③ 夜間照明時間：タイマにより人が在宅しているかのように点灯・消灯するか。
④ 照明回路のコンセント回路からの分離：コンセント回路系統がダウンしても照明が切れないようになっているか。

1-21 光環境の演出効果を診る

(1) 色温度からみた光環境の演色効果を検証する

同じ照度でも，光源の光色によって明るさの感じ方は異なる。光色は，色温度＝K（ケルビン）という単位で表される。色温度とは光色の基準となる概念で，物質に高熱を加えると温度によってさまざまな波長の光を放射する性質を利用して，ある温度の高熱の黒体から放射される光の色と，表現しようとする光色とを対応させ，そのときの黒体の温度（K）をもって色温度とするものである。

青っぽい光は色温度が高く，赤っぽい光は色温度は低い。例えば，電球色は 3,000 K，白色は 4,200 K，昼白色 6,700 K である。また，色温度が 5,000 K 以上の白色・青色（寒色系）であると涼しく感じられ，3,300 K 以下の赤色（暖色系）であると暖かく感じるという。したがって，同じ照度であっても，光色（温度）の違いで部屋の雰囲気は異なってくる。

図 1・66 は，照度・色温度と部屋の雰囲気の関係を表したグラフである。低い照度で色温度の高い光色を用いると陰気な雰囲気になり，高い照度では色温度の低い光色を用いると暑苦しい雰囲気になるという。演色性（1-18 参照）も考慮しつつ，例えば，夜間リラックスする空間は照度も色温度も低くし，仕事をする部屋は照度も色温度も高めることが，場の雰囲気にあった照明計画ということになる。なお，用いる電球の色温度・照度は器具型番から調べられる。色温度は K（カンデラ）単位で，照度は Lm（ルーメン）単位で表示されているのが一般的で，後者は台数・面積から lx（ルクス）に換算する。

こうした観点から，照度と色温度の組合せが適切であるかを検証する。

(2) 使用する場所や用途ごとの照明の種類を診る

私たちの生活のなかでは，多種多様な照明器具が使われているが，使用する場所や用途によって向き不向きがある。照明計画には，この分類とそれぞれの特長に適した，最適な器具選びとなっているかを検証する（図 1・67）。

① シャンデリア照明

装飾性の高い照明で，リビングや吹抜け空間を彩る。ただし，電球の交換性能や清掃しやすさなどの維持管理のしやすさも評価する必要がある。

② シーリングファン付き照明

シーリングファンと照明の機能を兼ね備えた器具で，暖房時には上下温度差をなくし，冷房時には体感温度を下げる効果がある。用いるにあたっては，設置高さの確認や，タイマー付きスイッチの必要性やその有無を確認する。

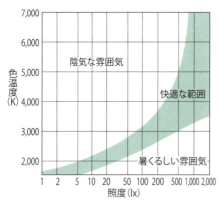

図 1・66　照度，色温度と部屋の雰囲気
（A. H. Willoughby 氏文献より）

③ シーリング照明

　天井に直接取り付け，メイン照明として部屋全体を明るく均一に照らす。器具の明るさや設置位置が設置する部屋の広さに合っているかを確認する必要がある。

④ ペンダント照明

　ダイニングルーム，キッチン空間の演出に適した，吊り下げ型の照明器具である。シーリングライトとの位置関係や，テーブル配置との関係が適切か検証することが望ましい。

⑤ ブラケット照明

　壁面や柱に取り付ける補助照明で，アクセント的な使い方もでき，設置位置によって雰囲気のある光を生み出し，照明が当たりにくい部分で影をなくすこともできる。一般的には補助照明なので，適正な設置位置や灯数が適切であるかを評価する。

⑥ スタンド照明

　ソファー脇，テーブル上部，ベッド脇に配置して，演出や読書等のタスクライティングに利用する。部分照明など，省エネにも役立つ。配置や，設置に必要なコンセントの位置などが適切であるかを評価する。

⑦ フットライト照明

　廊下や階段の足元を照らす照明で，充電式で停電時に併用できる器具もある。配置が適切であるかを評価する。

⑧ スポット照明

　指向性があり，置物や空間の一部を強調したいときに適している。空間の利用方法と，その照明器具の配置が適切か，用途を勘案して評価する。

⑨ ダウンライト照明

　空間の基本照明として，または演出として器具の明るさや配置が有効であるかを検証する。

⑩ エクステリア照明

　外構に設置する照明器具で，防水性能・耐久性があり，エクステリアの演出と防犯に役立つ。配置とともにタイマー昼光センサー，人感センサー等の必要性があるかを確認する。

　なお，光源を天井，壁，棚下部などに埋め込み，建築空間と一体化させた照明配置を建築化照明（図1・67 ⑪，⑫）ともいう。配置，指向性から照度を確保しにくい場所ができる場合もあるので，空間の用途や他の器具との組合せも含め，検証する。

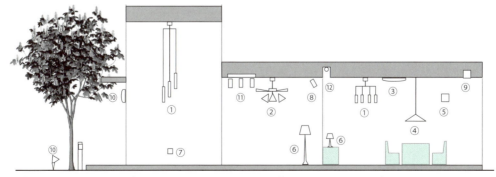

① シャンデリア照明　② シーリングファン付き照明　③ シーリング照明　④ ペンダント照明　⑤ ブラケット照明　⑥ スタンド照明　⑦ フットライト照明　⑧ スポット照明　⑨ ダウンライト照明　⑩ エクステリア照明　⑪，⑫ 建築化照明

図1・67 照明器具の演出効果・利用方法

1-22
コンセントの機能と配置を診る

現代の生活は，電気を用いた機器の利用なくしては成り立たない。その結果，建築空間のなかにはさまざまな電気を用いる機器が設置され利用されている。

建築設計時点では，その空間内でどのような機器が用いられて，どのように配置するのか，正確には予測することはできない。

建築を使い始めると，コンセントの位置，口数と，電気を用いる機器類の空間配置は一致しない。結果として，コンセントに三つ口二つ口の分配器を差し込んだり，延長コードを差し込んで，タコ足配線になっていることも決して珍しくない。こうした使用後の対応は，特定の回路に過電流が流れることによる漏電事故も起こしかねない。それゆえに，コンセントの機能と配置が適切であるのかを検証することは重要である。

(1) 住宅におけるコンセントの配置の検証

図 1・68，表 1・14，1・15 は，住宅における一般的なコンセントの配置に関する要件をまとめたものである。図に示された配置条件が満たされているか否か，図面や現地調査により検証する。加えて，以下のようなコンセント配置上の配慮がなされているかも点検する。

① エントランス・廊下・階段の直上部または直下部に，掃除機用コンセントが設置されているか。

② 厨房コンセントは，設置器具の容量をもとに適正に配置され，接地（アース）付き単独回路となっているか。（厨房用器具は，オーブンなど大容量器具を利用することが多い。）

③ 冷蔵庫は単独回路となっているか。

④ 各室には，対角線上にコンセントが設けられているか。（家具配置等で利用できなくなる場合でも利用可能か。）

⑤ TV や電話など電気とインターネット等を使う部屋では，利便性の高い統合型のコンセントが用いられているか。

⑥ 屋外のコンセントは，防水型コンセントとなっているか。

⑦ 屋外コンセントは，庭仕事，屋外作業時に使いやすい位置にあるか。

(2) コンセント設計施工上の配慮内容を検証する

コンセントの設計・施工に関して，以下のような配慮がなされているかを図面や現地調査により検証する。

① 1 部屋に対して，1 回路以上のコンセント回路が設けられているか。（ただし，廊下，玄関，納戸などは除く。）

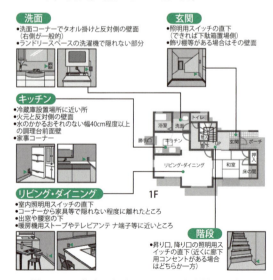

図 1・68 住宅におけるコンセント配置に関する一般的指針[1]

表 1・14 住宅面積に応じた分岐回路数[1]

住宅面積（m²）	コンセント回路 厨房	コンセント回路 厨房以外	照明回路	合計
50（15坪）以下	2	2	1	5
70（20坪）以下	2	3	2	7
100（30坪）以下	2	4	2	8
130（40坪）以下	2	5	3	10
170（50坪）以下	2	7	4	13

表 1・15 専用回路と器具種類[1]
（専用回路はアース付とする。）

場所	専用回路数	電圧	専用回路を必要とする機器	専用回路が望ましいその他の機器
厨房	1	100 V	オーブン電子レンジ	（100 V）オーブントースター 炊飯ジャー
	1	200 V	食器洗い乾燥機	
	1	200 V	IH クッキングヒーター	
リビング・ダイニング	1	100 V	ホットプレート，電磁調理器	（100 V）セラミックヒーター 電気温風ヒーター
	1	100 Vまたは200 V	エアコン	
	1	200 V	電気式床暖房	
個室	1	100 V	エアコン	
便所	1	100 V	温水洗浄暖房便座	
洗面・浴室	2	100 Vまたは200 V	洗濯乾燥機 浴室換気暖房乾燥機	

② コンセント1箇所当たりの想定負荷は150 VA となっているか。（ただし，1箇所の受け口数が4以上になる場合は，1受け口当たり150 VA を加算した想定負荷となっているか。）

③ 100 V 用のコンセントは，白線側（接地側）と黒線側（電源側）のサイズが違うが，取り違われずに設置されているか。（コンセントに対面して左側が接地側で穴のサイズが大きい。）

④ コンセントの差込口は，左側が大きな開口（接地側），右側が小さな開口（充電側）となっている。コンテスターとよばれる機器を使用し極性を確認する。ただし，極性確認は電気施工会社に依頼することが望ましい。

⑤ コンセントの負荷想定は，コンセントを保護する遮断器容量の70％程度で抑えられているか。負荷容量上限で設計されていることはないか。そうした場合は，コンセントの特性上，多くの機器が接続された場合に余裕がなくなる。

⑥ タコ足配線の発熱や発火を防ぐため，電気容量には余裕がもたせてあるか。

⑦ ファンコイルの電源など，空調用の電動機系統は，始動電流が大きく流れる可能性を想定して，最大電流の50％程度までを負荷上限として接続しているか。

⑧ コンセント回路と照明回路は分離されているか。

⑨ 自動販売機・ATM・コピー機等の固定される機器には，抜け止めコンセントが用いられているか。

⑩ 住まい場所に応じたコンセント設置数になっているか。

⑪ 冷蔵庫・洗濯機・電子レンジ等は，接地端子（アースターミナル）により接続されているか。

⑫ 大容量（10 A 程度以上）で決まった場所で使用される機器に対して，100 V または200 V 専用回路が施設されているか。なお，一般の戸建住宅では，単相の105/210 V が利用される場合が一般的である。その他の規模が大きい建築物においては，キュービクル等で受電したのち，トランスごとに機器の用途に応じて単相105/210 V と三相210 V で配電されている。三相電源を一般的に動力と呼ぶ。とくに，動力を利用する場合は，配電方式の違いに注意する。

参考文献
1) 公益社団法人　全関東電気工事協会ホームページ

1-23 ショーウィンドウ・看板の明るさ感を診る

(1) ショーウィンドウの明るさを診る

店舗建築では，ショーウィンドウはそのスタイルや業態を表現するため重要な箇所である。例えば，コンビニエンスストアでは，24時間オープンしていることや室内が見渡せることが重要であり，防犯にも配慮して全面ガラスになっていると考えてよい。一等地にある高額商品ブランドショップでは，必ずしも，商品そのものをディスプレイせず，アート性や先進性等などを独自に表現している。企業やその店舗の直接および間接のメッセージを発信する装置である。大事なポイントが明るく照らされ，陳列物が昼夜ともはっきり見えることが重要である。

ショーウィンドウの現状を以下の観点から点検する。

① 商品棚に陳列された商品，商品説明が視認できるか。
② 陳列に合わせて照明の向きが変更できるか。
③ 日射環境に応じて照明の内容変更ができるか。
④ 点光源を活用して立体的に見えているか。
⑤ 陳列物が外景輝度より低いために，ガラス面に周囲の景色が映り込んでいないか。
⑥ 色温度（光色）は，意図した雰囲気に対して適切か（図1・69）。
⑦ 照明電気容量が多すぎないか。（省エネルギーができているか。）

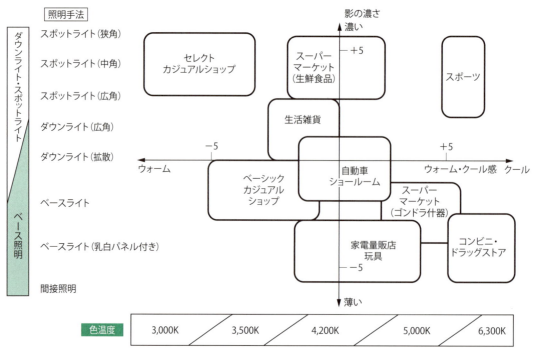

図1・69 店舗での売り場別推奨色温度
（出典：松島広嗣「光源の特徴を使い分け」電設学誌，15-1，pp.11-21（平5））

(2) 看板の視認性を検証する

看板は,「見えやすく」,「わかりやすく」情報を伝えることを目的とする。看板が乱立することで, 見やすいことやわかりやすいことからかけ離れてしまうことも多くある(図1・70)。こういう状態では, 看板自体の効果も少なく, エネルギーも浪費されている。

周辺光環境の状況に応じて, 視認性を高め注意をひくことが大切である。単純に明るくすればよいというものでもなく, 現状の光環境を次のような観点から検証する必要がある。

① 想定されるアクセスに応じて視認性が確保されているか。歩行者向けの看板は店舗から10〜20mぐらい離れた位置から, 車の運転者向け看板は100mほど離れたところから視認できる必要がある。

② 昼間と夜間によっても見えやすさが異ならないか。日中は視認性が高くても夕方以降になると次第に暗くなるため視認性が下がることはないか。

③ 事物をライトアップしている場合, 新鮮な印象や, 興味喚起を生んでいるか。

(3) コンビニエンスストアにおける照明の省エネルギー対策事例

従前の商業建築では, 顧客が認識しやすいように, 前面看板を大きくしていた。

環境に配慮して建設されたコンビニエンスストアの事例では, 看板面積を削減し, LED照明を活用して, 視認性を上げている(図1・71上)。蛍光灯照明に比較して50%以上電力量の削減が見込まれている。店舗内の照明にもLEDが用いられ, 商品を見やすく効率のよい配置等が工夫されている。照度と店内の明るさ感, 省エネルギーを同時に実現している。なお, 店内の照明は, 昼間の明るい時間は照明制御により照度をコントロールをすることで, 使用エネルギーのさらなる削減を図っている(図1・71下)。

図1・70 乱立する看板の例

図1・71 コンビニエンスストアにおける照度調整事例

第5章　音環境を見つめ直す

1-24 音環境を診る

(1) 音の性質と単位

音とは，物体を通して縦波として伝わる力学的エネルギーの変動である。建築は，空気を通じて伝播する音と，建築という固体を通じて伝播する音に対して配慮しなければならない。

音は波であるので，周波数，波長，周期，振幅，速度など波動としての特徴をもつ。

(a) 周波数

音の周波数は，音の波が1秒間に何回上下するかを数値にしたものであり，Hz（ヘルツ）で表す。人の耳に聞える周波数の範囲は，約20 Hzから20 kHzと約1,000倍の範囲となる。

周波数の少ない音は低音，多い音は高音となり，周波数が2倍になると1オクターブ高い音になる。

(b) 強さと大きさ

音の強さは，音のエネルギーの大きさを表している。音の強さのレベルは，レベル表示dB（デシベル）で表す。

音の大きさ（loudness）は，人の感覚として感じられる感覚量であり，純音（1kHz）の音圧レベルが40 dBを1 soneとする比率尺度sone（ソーン）で表される。

図1・72に示すように，人の耳に聞える音の大きさは，エネルギーの大きさだけでなく，周波数によっても異なる。周波数が高くなると少ないエネルギーでも大きく聞える特性がある。

(c) 騒音のレベル

騒音とは私たちが不快と感じ，取り除きたい音のことである。市街地で騒音とされている音の強さは60 dB以上が多く，この状態では快適

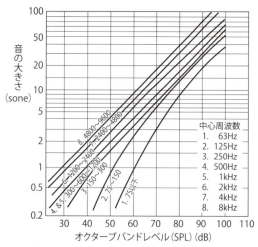

図1・72　音圧レベルと音の大きさの関係

に暮らせないとされる。

自動車の警笛が110 dB，交通量の多い道路騒音が80 dB程度である。また，人のどなり声は90 dB，普通の会話は60 dBである。一般的に，40 dB以下であれば室内で快適にすごせる。なお，騒音評価は周波数による聴覚特性を考慮する必要がある。

(d) 音を計測する

発生している音の強さは，図1・73に示すような騒音計で測定する。

(2) 遮音性能

音の伝わりを遮ぎることを**遮音**といい，その遮断能力を**遮音性能**という。遮音性能を要求される部位は，外壁，開口部・窓，内壁，床である。

図1・73　騒音計

(a) 遮音性能等級（D 値）

空気を伝播してくる音，固体を伝播してくる音が遮音の対象となる。遮音性能の評価は，D 値を用いるのが一般的である（現 JIS A 1419-1（2000）における D_r 値が D 値に相当）。片方の室で発生させたノイズの音量が，もう一方の室でどのぐらい減衰しているかを，125 Hz〜4 kHz のオクターブバンドごとの音圧レベル差（音源室の音圧レベル－受音室の音圧レベル）を調べることで D 値が得られる。これを図 1・74 の基準曲線群にあてはめ，下回らない最大の数値を D 値とする。表 1・16 に遮音性能等級 D 値の目安を示す。

表 1・16　遮音性能等級の目安

遮音性能等級	ピアノ，ステレオなどの大きい音
D-65	通常では聞こえない
D-60	ほとんど聞こえない
D-55	かすかに聞こえる
D-50	小さく聞こえる
D-45	かなり聞こえる
D-40	曲がはっきりわかる
D-35	よくわかる
D-30	大変よくわかる
D-25	うるさい
D-20	かなりうるさい
D-15	大変うるさい

(b) 固体音－衝撃音性能等級（L 値）

床など固体を伝わる音を遮断する能力を**衝撃音性能**と呼び L 値（上階の衝撃音が下階で聞える大きさを示す数値）で表す。

床の衝撃音性能には，重量衝撃音（LH）と軽量衝撃音（LL）の 2 つの性能がある。子供が飛び跳ねたり，走り回ったりしたときに発生する衝撃音は重量衝撃音，また 物が落下したときやいすをひきずるときに発生する衝撃音は軽量衝撃音である。

床衝撃音は，JIS A 1419 で規定されている標準衝撃源を用いて上階床に衝撃を加えたときに下階居室で発生する音を 1 オクターブバンドごとに測定し，図 1・75 に示される L 曲線をあてはめ，最大の L 値によって衝撃音等級を決定する。

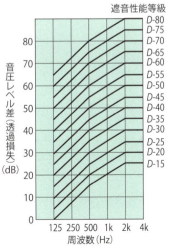

図 1・74　空気音遮断特性の基準曲線
（D 値　JIS A 1419-1：2000）

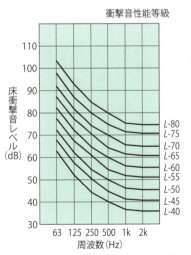

図 1・75　床衝撃音の基準曲線
（L 値　JIS A 1419-2：2000）

1-25 遮音性能を診る

(1) 遮音性能の目標

各部位の遮音性能を診るにあたっては，諸基準で定める遮音等級が満たされているかを評価することが出発点になる。

重量床衝撃音を測定する場合は，音源室（上階の部屋）にバングマンで床をたたいて音を3～5ヶ所で発生させ，受音室（下階の部屋）に騒音計をおいて測定し評価する。軽量床衝撃音は，タッセングマシンを音源室におき，同様な方法で測定する。

(a) 室間平均音圧レベル差に関する適用等級

壁・床による空気伝搬音（話し声など）の遮音の程度について，建築学会は表1・17に示すような等級を定めている。

なお，表1・17，表1・18における等級には，それぞれ次のような意味がある。

- 特級：特別に高い性能が要求された場合の性能水準
- 1級：日本建築学会が推奨する好ましい性能水準
- 2級：一般的な性能水準
- 3級：やむを得ない場合に許容される性能水準

表1・17 室間平均音圧レベル差に関する等級

建築物	室用途	部位	適用等級 特級	1級	2級	3級
集合住宅	居室	隣戸間界壁・界床	D-55	D-50	D-45	D-40
ホテル	客室	客室間界壁・界床	D-55	D-50	D-45	D-40
事務所	業務上プライバシーを要求される室	室間仕切壁テナント間界壁	D-50	D-45	D-40	D-35
学校	普通教室	室間仕切壁	D-45	D-40	D-35	D-30
病院	病室（個室）	室間仕切壁	D-50	D-45	D-40	D-35

（「建築物の遮音性能基準と設計指針」日本建築学会編 1999）：D値については図1・78参照のこと）

室間の音圧レベル差は，音源室に125 kHzから2 kHzまでの周波数帯域の試験用ノイズを発生させ，受音室側で騒音計で測定し評価する。

(b) 開口部の遮音性能

図1・76に示すように，JIS A 4706では，サッシの遮音性能（T値）は，T-1からT-4の等級に分類されている。ここで，数値が大きいほど遮音性能が優れていることを示している。図面または製品に貼ってあるシールなどの記載からサッシの種類やメーカー管理用の型番を特定し，メーカーの資料などから遮音等級を推定する。

(c) 床衝撃音対策等級

上の階の床から下の階の居室に伝わる床衝撃音は，集合住宅でのトラブル要因の上位にある。表1・18に，日本建築学会が定めた重量床衝撃音，軽量床衝撃音にかかわる基準を示す。

表1・18 床衝撃音レベルに関する適用等級

建築物	室用途	部位	衝撃音	適用等級 特級	1級	2級	3級
集合住宅	居室	隣戸間界床	重量衝撃源	L-45	L-50	L-55	L-60, L-65
			軽量衝撃源	L-40	L-45	L-55	L-60
ホテル	客室	客室間界床	重量衝撃源	L-45	L-50	L-55	L-60
			軽量衝撃源	L-40	L-45	L-50	L-55
学校	教室	教室間界床	重量衝撃源	L-50	L-55	L-60	L-65
			軽量衝撃源				

（「建築物の遮音性能基準と設計指針」日本建築学会編 1999）：L値については，図1・75参照のこと）

(2) 遮音対策の検証

建築の作られ方（構法）のどのようなところに遮音上の弱点があるのか，その点検すべき点を次に列挙する。重要なことは，外壁やサッシの

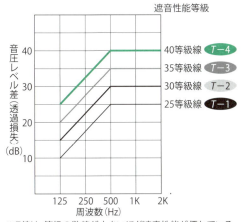

※T値は，等級の数値が大きいほど遮音性能が優れている。

図1・76 サッシの遮音等級線
（JIS A 4706, 4702）

遮音性能等級を上げても，音の回り込みやすき間から音が入る場合があるということである。

以下の(a)，(b)に示すように，遮音性能に影響を与える構法の状況を点検する。

(a) **空気伝播音対策点検事項**

① 建築の気密性上の弱点はないか。その弱点は，遮音上の弱点にもなる。

② 遮音性に乏しい形式のサッシが使われていないか。例えば，浴室や洗面脱衣などの水回りによく使用されるガラスルーバー窓は，遮音性能は低い。また，引き違いサッシの遮音性能も低い。

③ 換気扇は，遮音上の弱点になる可能性がある。防音型換気扇にする，もしくはフードを設置する必要があるが，そうした対策はなされているか。

④ 天井や床・壁の遮音性能は，使用材料の単位面積当たりの重量（面密度）によって決まってくる。どれくらいの面密度の壁が用いられているのか。

⑤ 排水管（とくに，上階の便所から聞こえてくる排水音）に遮音シートが設けられているか。

(b) **固体伝播音点検事項**

① 構造体には十分な剛性があるか。剛性が高いほど遮音性が高い。床剛性を高める対策がとられているか。

② クッション性のある床仕上げ材（カーペット等）が使用されているか。

③ 床下地に遮音シート・硬質石こうボードなどの捨て貼りがされているか。

④ 下階の天井に吸音材が設けられているか。

⑤ 防振吊り木が用いられているか（図1・77）。

⑥ 下階の天井が2重張りされているか。

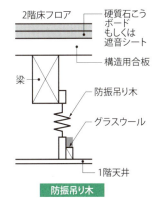

図1・77 固体伝播音防止の例

第6章　水環境・土壌環境を見つめ直す

1-26 水環境を診る

建築においては，飲料水の水質，家庭からの生活排水，雨仕舞・防水は大切なことであり，昨今は水災害への備えもこれに加わる。

(1) 建築に係る水質

建築物衛生法では，特定建築物を環境衛生上良好な状態に維持するために必要な措置として，表1・19に示すように，空調管理や給水管理等についての建築物環境衛生管理基準を定めている。この表に示されている管理がなされているか検証する必要がある。

(2) 家庭からの生活排水

「生活排水」とは，トイレ，台所，洗濯，風呂などから出される生活に起因する排水のことをいう。都市周辺より，川や海に流される汚濁水の約70％以上は，生活排水に起因している。今後汚水を出さない，もしくは減らす工夫が求められている。

(3) 雨漏り・水漏れ

漏水は常に起きるわけではない。現場での漏水跡がないか観察するとともに，関係者にも聞き取りをして，その有無を特定する。とくに，台風の直後はこうした調査に適している。

漏水が起きていると推察される場合は，以下の手順で調査する。
① 現地にて現場確認および目視調査（状況と原因の検討）
② 漏水の経路（水みち），およびその原因を推測する。

表1・19　建築物環境衛生管理基準等

	管理内容	法施行規則(厚生労働省令)等
空調管理	空気環境の測定	2月以内ごとに1回，各階で測定（ホルムアルデヒドについては，建築等を行った場合，使用開始日以降最初の6月〜9月の間に1回）
	浮遊粉じん測定器の点検	1年以内ごとに1回の校正
	冷却塔・加湿装置・空調排水受けの点検等	使用開始時および使用開始後1月以内ごとに1回点検し，必要に応じ清掃等を実施
	冷却塔・冷却水管・加湿装置の清掃	1年以内ごとに1回実施
給水・給湯管理（飲用・炊事用・浴用等）	貯水(湯)槽の清掃	1年以内ごとに1回実施
	水質検査	① 6月以内ごと実施（16項目，11項目） ② 毎年6〜9月に実施（消毒用生成物12項目） ③ 地下水等使用施設：3年以内ごと実施（有機化学物質等7項目）
	残留塩素等の測定	7日以内ごとに1回実施
	防錆材の水質検査	2月以内ごとに1回実施
雑用水の水質管理	散水・修景・清掃の用に供する雑用水の検査	7日以内ごとに1回実施 pH・臭気・外観・残留塩素 2月以内ごとに1回実施 大腸菌・濁度
	水洗便所の用に供する雑用水の検査	7日以内ごとに1回実施 pH・臭気・外観・残留塩素 2月以内ごとに1回実施 大腸菌
排水管理		排水に関する設備の掃除を，6月以内ごとに1回実施
清掃および廃棄物処理		日常清掃のほか，6月以内ごとに1回，大掃除を定期に統一的に実施
ねずみ等の点検・防除		6月以内ごとに1回（特に発生しやすい場所については2月以内ごとに1回），定期に統一的に調査し，当該結果に基づき必要な措置を講ずる。

③ 推測内容を確かめるため，機器を使用した非破壊調査および仕上げ材を撤去しての調査を実施
④ 推測があたっている場合は，補修方法を検討。あたっていない場合は②に戻る。

防水や雨仕舞いなど建築構法や仕上げ材料の劣化などが雨漏りの原因となる。開口部の止水の劣化，機器の劣化や故障，配管等の劣化などが水漏れの原因となる。

(4) 雨水排水処理対策の点検

降雨強度〔mm/h〕は，1時間当たりの降雨量をいう。10分間降雨量より，特別な豪雨を除いた5～6年に1度位現れる程度の降雨量を基準として，1時間当たりに換算したものである。最高の降雨強度は地域により異なる。地球環境の変化により，降水量は従来の設計基準を越えることがめずらしくなくなっている。安全性より160 mm/hと考えて，雨水排水計算を行うことが推奨されているが，それでも足りないという意見もある。診断対象の建物がどのくらいの降水量を想定しているかを調べたうえで，以下のことを確認する。

- 地域が大雨のとき，周辺や外構回りの水位はどの程度まで上がるか？
- 地下や，周辺の地盤レベルより低い部分はないか？
- 設計想定の雨量があった場合，どのような経路で雨水が浸入し，どこが冠水することになるか？
- そのような冠水が生じた場合，どのような機能支障（例．設備の冠水，システムダウン）が起こりうるのか？
- 大雨災害時に，周辺より雨水が流れ込んだ場合，せき止める方法を検討しているか？（土嚢を積む，堰を設ける，仮設排水ポンプの設置など）
- 排水用ポンプ等に，電源は供給できるか？
- 屋根，外壁，開口部の防水，およびシールは劣化していないか？
- 屋根の樋や排水口は，汚れたり詰まったりしていないか？
- 排水ルート，配管サイズ，配置は適切か？

以上の点検を踏まえ，雨水調整槽を設けるなど，敷地からの排水量の調整対策が必要である。

(5) 地下水活用の可能性の検証

井戸水は，飲料水としての基準を満たし，届け出を出すことにより飲料水としても利用でき，防災時にも利用できる。また，最近では，ヒートポンプ式の空調に利用している建物も出てきている。井戸水の温度は，年間の平均気温といわれている。関東地方では，16～17℃程度である。通常の冷房熱源を井戸熱利用によって行っているシステムの事例もある（図1・78）。

こうした例も踏まえ，診断対象の建物における地下水利用の可能性を探ることは有益である。

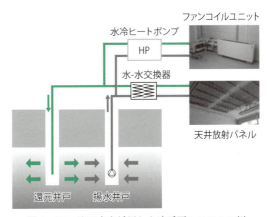

図1・78 地下水を活用した冷暖房システムの例

1-27 地下水の利用を診る

地下水は，流域の動植物の生態系を支える環境要素であると同時に，資源として生活や産業活動に重要な役割を果たす。

(1) 地下水の主な利用方法

地下水は，以下の図1・79のような内容で利用されている。

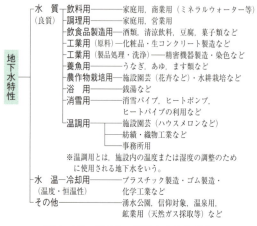

図1・79 地下水の特性からみた用途
(出典：国土交通省「平成18年版 日本の水資源」(2006年))

(2) 地下水障害・地下水水質・汚染

地下水の利用に際しては，以下のような課題がある。

① 地下水位の異常低下，井戸枯れ
② 地盤沈下　　③ 塩水化
④ 地下の水質と汚染
　－環境基準物質による汚染
　－揮発性有機塩素化合物による汚染（金属関連産業，半導体産業，クリーニング業他）
　－硝酸性窒素による地下水汚染（農薬，畜産排水等）

地下水の水質汚濁に係る環境基準（人の健康の保護に関する環境基準）を表1・20に示す。

(3) 地下水に関する法規制

「工業用水法」は10都府県，「建築物用地下水の採取に関する法律（ビル用水法）」は4都府県に適用されている。

地盤沈下とこれに伴う被害の著しい濃尾平野，筑後・佐賀平野および関東平野北部の3地域については，地盤沈下防止等対策関係閣僚会議において，地盤沈下防止等対策要綱が決定さ

表1・20 地下水の水質汚濁に係る環境基準（人の健康の保護に関する環境基準）

項　目	基準値
カドミウム	0.01 mg/l 以下
全シアン	検出されないこと
鉛	0.01 mg/l 以下
六価クロム	0.05 mg/l 以下
砒（ひ）素	0.01 mg/l 以下
総水銀	0.0005 mg/l 以下
アルキル水銀	検出されないこと
PCB	検出されないこと
ジクロロメタン	0.02 mg/l 以下
四塩化炭素	0.002 mg/l 以下
1,2-ジクロロエタン	0.004 mg/l 以下
1,1-ジクロロエチレン	0.02 mg/l 以下
シス-1,2-ジクロロエチレン	0.04 mg/l 以下
1,1,1-トリクロロエタン	1 mg/l 以下
1,1,2-トリクロロエタン	0.006 mg/l 以下
トリクロロエチレン	0.03 mg/l 以下
テトラクロロエチレン	0.01 mg/l 以下
1,3-ジクロロプロペン	0.002 mg/l 以下
チウラム	0.006 mg/l 以下
シマジン	0.003 mg/l 以下
チオベンカルブ	0.02 mg/l 以下
ベンゼン	0.01 mg/l 以下
セレン	0.01 mg/l 以下
硝酸性窒素および亜硝酸性窒素	10 mg/l 以下
ふっ素	0.8 mg/l 以下
ほう素	1 mg/l 以下

(出典：環境省ホームページ)

れている。これらの要綱は、地下水の過剰採取の規制、代替水源の確保および代替水の供給等を行い、地下水の保全を図るとともに、地盤沈下による災害の防止および被害の復旧等、地域の実情に応じた総合的な対策をとることを目的としている。

(4) 地中熱（地下水熱）の利用

近年では、年間を通じて温度変化の少ない、地熱や地下水を活用した冷暖房方式が採用されている。この熱源はヒートポンプ方式で、空気を熱源とするエアコンや冷蔵庫よりも10～25%効率的である。また、空気を熱源とするエアコンの冷房とは異なり、外気に熱を放出しないのでヒートアイランド現象の緩和にも貢献できる。

(a) 地中熱（地下水熱）の利用方式

地下熱利用のヒートポンプには、さまざまな形態がある（図1・80参照）。

(b) 地中熱（地下水熱）の省エネルギー効果

従来の冷暖房方式に比べて、クローズドループ方式では、10～30%、オープンループ方式では、20～30%の省エネルギー効果が見込める。[1]

診断対象の建築において、図1・80に示す利用可能性がないか検討することは有益である。

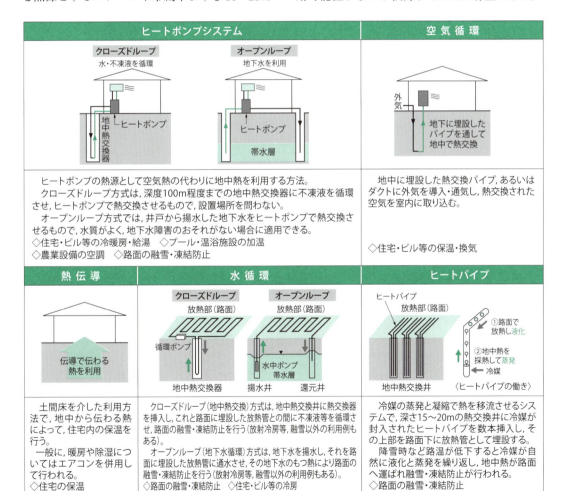

図1・80 地中熱（地下水熱）利用のさまざまな形態[1]

参考文献
1) 地下熱利用にあたってのガイドライン（平成27年3月環境省水・大気環境局より）

1-28 土壌汚染を診る

土壌汚染とは，以下のような理由などで有害物質が土壌に浸透して土壌や地下水が汚染された状態を指す。

① 有害な物質の使用中に，有害物質が漏れたり，こぼれたり，有害物質を含む排水が漏れ土の中に入る。

② 有害な物質を含む廃棄物が土の中に埋められていて，雨などによって周りの土に溶け出す。

(1) 土壌汚染の摂取メカニズム

土壌汚染による健康被害は，土壌に含まれる有害物質が人の体内に取り込まれることにより生じる。有害物質が取り込まれる摂取経路を図1・81に示す。

(2) 土壌汚染の基準

土壌汚染の原因となる対象物質として，土壌汚染対策法（第1条）は25項目の物質を指定している（表1・21）。

① 第1種特定有害物質

特定有害物質のうち，揮発性有機化合物（VOC）と呼ばれる気体になりやすい，揮発す

表1・21 特定有害物質（25物質）

分類	項目	溶出量基準値(mg/L)	含有量基準値(mg/kg)	地下水基準(mg/L)
第1種特定有害物質	四塩化炭素	0.002	—	0.002
	1,2-ジクロロエタン	0.004	—	0.004
	1,1-ジクロロエチレン	0.1	—	0.1
	シス1,2-ジクロロエチレン	0.04	—	0.04
	1,3-ジクロロプロペン	0.002	—	0.002
	ジクロロメタン	0.02	—	0.02
	テトラクロロエチレン（パークレン）	0.01	—	0.01
	1,1,1-トリクロロエタン	1	—	1
	1,2-1トリクロロエタン	0.006	—	0.006
	トリクロロエチレン（トリクレン）	0.03	—	0.03
	ベンゼン	0.01	—	0.01
第2種特定有害物質	カドミウムおよびその化合物	0.01	150	0.01
	六価クロムおよびその化合物	0.05	250	0.05
	シアン化合物	不検出	50	不検出
	水銀およびその化合物	0.0005	15	0.0005
	内，アルキル水銀	不検出	—	不検出
	セレンおよびその化合物	0.01	150	0.01
	鉛およびその化合物	0.01	150	0.01
	砒素およびその化合物	0.01	150	0.01
	フッ素およびその化合物	0.8	4,000	0.8
	ホウ素およびその化合物	1	4,000	1
第3種特定有害物質	シマジン	0.003	—	0.003
	チラウム	0.006	—	0.006
	チオベンカルブ	0.02	—	0.02
	有機リン	不検出	—	不検出
	PCB	不検出	—	不検出

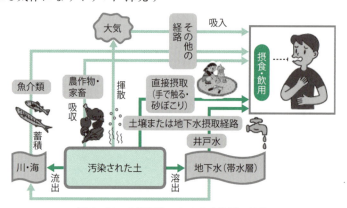

図1・81 土壌汚染による有害物質の経路
（公益財団法人日本環境協会「事業者が行う土壌汚染リスクコミュニケーションのためのガイドライン」より）

る物質のグループであり，土壌中に気体で存在している。全部で11物質あり，特定有害物質のなかでは，移動しやすい物質である。

② 第2種特定有害物質

特定有害物質のうち，鉛や水銀といった重金属類のグループで，現在9物質ある。

③ 第3種特定有害物質

特定有害物質のうち，過去，田畑で農薬として使用されていた物質およびPCBが含まれる。

ダイオキシンに関しては，ダイオキシン類対策特別措置法で土壌は1000（pg-TEQ/g）以下であること，土壌汚染の進行防止等の観点からモニタリングや調査を行うべき基準として250（pg-TEQ/g）が設定されている。ここでpgはピコ・グラムといい，1ピコグラムとは1グラムの1兆分の1を意味する。1番毒性が強いダイオキシンを基準にTEQ：毒性等価量（どくせいとうかりょう）を単位にしている。

油分に関しては，「油膜対策ガイドライン」が設定されている。

(3) 土壌汚染は目にみえない。調査が必要

土壌汚染は時間の経過で，消えてなくなることはなく，一旦，有害物質が土に排出されると，水や空気と違い残存する。30年以上前の工場跡地などに有害物質が残っている事例もある。

(4) 土壌汚染対策法

土壌汚染対策法（2002年5月制定，2010年4月1日改正）は，土壌汚染の状況を把握し，人の健康被害に対する防止・対策・措置を実施することによって，国民の健康を保護することを目的として策定されている。

(a) 土壌汚染の調査義務

次のような場合に，土壌汚染の調査をする義務があるとされている。

① 有害物質を製造，使用または処理する水質汚濁防止法・下水道法の特定施設の使用が廃止された場合。

② 3000 m² 以上の土地改変を行う場合に，土壌汚染のおそれがあると都道府県知事が認める場合。

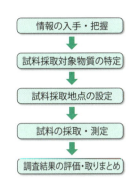

図1・82 土壌汚染調査の流れ

土壌汚染調査の流れは図1・82のとおりである。

(5) 土壌汚染対策法に基づく指定調査機関

土壌汚染の調査は，試料の採取地点の選定，試料の採取方法などにより結果が大きく左右されるので，調査結果の信頼性を確保するためには，調査を行う者に一定の技術的能力が求められる。調査を的確に実施することができる者を環境大臣が指定している。

(6) 事業者の対策

財団法人日本環境協会より，「事業者が行う土壌汚染リスクコミュニケーションのためのガイドライン」が出されている。土壌汚染が判明した場合に，利害関係者とどのようにコミュニケーションを進めるかに関して，以下のような手順が大切であると述べている。

① 土壌汚染調査の実施（土壌汚染の判明）
② 自治体への土壌汚染結果の報告および相談
③ 自治会長等への状況・対応方法の説明
④ 周辺住民の方々等への状況・対応方法説明
⑤ メディアへの説明
⑥ 土壌汚染対策実施
⑦ 周辺住民の方々等への経過報告
⑧ 土壌汚染対策完了
⑨ 周辺住民の方々等への完了報告

建築環境のチェックシート

章	項目	チェック確認事項	備考
第1章 温熱環境を見つめ直す（基本事項）	1-1	□放射を調べる。 □各部位からの放射が体感に影響していないか？快適か？ ・冬期の冷放射 ・夏期の熱放射 □室温計とグローブ温度計の差異を確認する。	非接触温度計 接触温度計 赤外線カメラ グローブ温度計
	1-2	□対象建物の断熱仕様とグレードを確認したか？ ・屋根，外壁，床下，部位ごとに断熱の確認 ・既存図面による断熱性能の確認	省エネルギー基準値との比較
	1-3	□窓の熱性能を確認したか。 ・方位別に窓のサイズと仕様を確認 ・既存窓メーカー仕様の確認，熱貫流率（W/m²・K）の確認，気密性能の確認	
	1-4	□建物の熱負荷の抑制状況を診る。 ・外ルーバーの有無，必要性の確認 ・緑化の有無，必要性の確認 ・カーテン，ロールスクリーン，障子等の有無，必要性の確認 ・外構の緑化や植栽の日射抑制への工夫の有無	省エネルギー基準値との比較
	1-5	□日射利用・抑制の効き方を診る。 ・建物方位と開口部の位置を確認 ・庇，ルーバー，ダブルスキン等の対策の有無の確認 ・ハイサイドライト，ライトシェルフ，ライトウェル等の昼光利用の有無の確認	照度計 輝度計
	1-6	□外壁・屋根からの熱エネルギーのむだを把握する。 ・PAL（非住宅），外皮の断熱性能（住宅の場合，外皮平均熱貫流率 U_A）を計算で確認 ・夏期，冬期の屋根温度の確認	非接触温度計 接触温度計 赤外線カメラ
	1-7	□すき間からの漏れを診る。 ・すき間，コンセント等からの漏気の確認 ・住宅全体の気密性能を把握する場合，気密測定の必要性を確認	非接触温度計 赤外線カメラ 気密測定
第2章 温熱環境を見つめ直す（単位空間）	1-8	□建物の「暑さ」「寒さ」に関して，外観の劣化状況を確認したか。 □建物の「暑さ」「寒さ」に関して，冷暖房機器や換気機器の設備診断をしたか。 ・設備方式，年式，日常の使い勝手，生活パターン他	各部位や空間の温度計測 非接触温度計，温度ロガー等による簡易診断
	1-9	□玄関の「暑さ」「寒さ」の確認をしたか。 ・玄関の土間回りの断熱性能の有無 ・玄関扉の断熱性能の確認（メーカー仕様の確認）	非接触温度計，温度ロガー等による簡易診断
	1-10	□床下の断熱と気密を診る。 ・床下の断熱仕様を確認 ・お風呂の浴槽断熱，ヒートショックを受けやすい脱衣室，洗い場の床の断熱を確認	工業用内視カメラ 暗視カメラ 三次元スキャナ撮影
	1-11	□ピロティ・吹抜け空間・屋根の断熱を診る。 ・ピロティの床に必要な断熱性能はあるか ・吹抜けの断熱や空調方式は有効か ・断熱の納まりを確認。屋根と壁の接合部，床と壁の接合部など	非接触温度計 赤外線カメラ

		1−12	□オフィス空間の快適性を診る。 • ペリメータ，インテリア，会議室，共用部等の温度分布，気流分布等を確認 • PMV(快適指数)を利用して温熱の快適性を把握 • 室温と同時に，上下温度差，相対湿度も確認	非接触温度計 赤外線カメラ グローブ温度計 気流計
第3章 空気環境を見つめ直す		1−13	□結露の有無を診る。 • 目視でわかる結露しやすい場所があるか（畳をはがす，床下，キッチン内部など） • カビの臭い等で，湿気や結露の可能性を把握 • 外壁の仕様，外部から，通気層，透湿防水層，断熱，防湿気密層の仕様を確認	におい計
		1−14	□カビの発生の有無を調べる。 • カビの臭いを有無を確認 • 湿気の多い箇所の特定とその部分の換気内容の確認 • 換気方式の確認 • ガスストーブ等を利用していないか	温湿度計 におい計
		1−15	□必要換気量を換気方式で測る。 • 一種，二種，三種の換気方式を確認 • 運用パターンと在室人員等を確認 • 換気の運転方法を確認 • CO_2濃度により外気量の多少を確認	CO_2計 風速計
		1−16	□自然風の取込み，換気システムの有効性を診る。 • 自然換気が有効なプランかどうか，季節風の風向を確認 • 自然換気の有効性を確認	CO_2計 風量計
		1−17	□ホルムアルデヒドとVOC等を診る。	
第4章 光環境を見つめ直す		1−18	□よく見える化を診る。 • 部屋の用途に応じた室内照度基準との比較 • 室内照度分布を確認（作業内容と照度） • 照明器具の光が眼に入り，まぶしくないかを器具タイプと輝度計で確認 • 空間や機能に応じて演色性(照明の種類，方式，色温度，分散・分布他)を確認	照度計 輝度計
		1−19	□屋根，外壁の色を診る。 • 寒冷地(濃色系)，温暖地(白色系)によって外壁や屋根の色を確認 • 屋根や外壁に利用される材料の反射率を確認 • RC打ち放し，RCタイル張り等の外皮の仕上げによる表面温度の違いを確認 • タイル等の仕上げの劣化を赤外線カメラ等で確認	接触温度計 非接触温度計 赤外線カメラ
		1−20	□照明の配置を診る。 • ものがよく見えるか，住まい手にとって安らげるかなど，空間の目的に明るさの質と量があっているか確認 • 自然光の有効利用の有無 • 照明計算結果の確認（配置と台数） • 高効率照明，照明システムの採用の有無（既存器具の効率や照度の確認） • タスク&アンビエントの有無 • 部屋用途にあった色温度の確認 • 防災照明(非常灯，誘導灯の機能確認) • 防犯照明の配慮	照度計算
		1−21	□光環境の演出効果を診る。 • 空間の照明器具，照度，演出があっているか。部屋別の照明器具を確認	照度計

	1－22	□コンセントの機能と配置を診る。 • コンセントの配置は十分か • コンセント回路数は十分か • 冷蔵庫，AC，オーブン，洗濯機，便座等が専用コンセントになっているか。アースがあるか	電力計
	1－23	□ショーウィンドウ・看板照明を診る。 • ショーウィンドウは目立ち，展示物が見やすいか • ガラスに映り込みはないか • 看板がわかりやすく，見やすいか • ショーウィンドウ，看板は省エネルギーになっているか	電力計
第5章 音環境を見つめ直す	1－24	□音環境を診る。 • 騒音値を計測，用途にあっているか • 部屋用途ごとに，遮音の必要性を確認 • 音源室がある場合，遮音性能の必要な壁，床，天井の仕様を確認 • 気密性能の課題はないか • 開口部のサッシ等の遮音性能は適切か • 機器本体，ダクトや換気開口からの音は大丈夫か	騒音計 衝撃性能等級との比較
	1－25	□遮音性能を診る。 • 遮音性能の目標値はあるか • 部屋どうしで音圧レベルが決まっているか • 遮音対策を行う必要があるか	騒音計
第6章 水環境・土壌環境を見つめ直す	1－26	□水環境を診る。 • 雨漏り，水漏れはないか • 飲料水の基準を満たしているか • （非住宅）給湯の水質基準を満たしているか • （非住宅）お風呂，プール等では公衆浴場の水質基準を満たしているか • （非住宅）排水基準を見てしているか • 雨水を利用しているか • 地下水を利用しているか（地下熱利用，ヒートポンプ等）	工業用内視カメラ 暗視カメラ X線厚さ計 流量計
	1－27	□地下水の利用を診る。 • 地下水の利用を考えているか • 地下水の水質は基準を満たしているか • 地中熱（地下水熱）の利用を考えているか	
	1－28	□土壌汚染を診る。 • 土壌汚染の基準は満たしているか • 土壌汚染の調査手順は決められたとおりか • 土壌汚染対策の手順は決められたとおりか	

第 2 部
設備の働きと配管の保全状態を診る

概　　説

　第2部では，建築環境を支える設備をとりあげます。
　熱・空気・光・音・水は建築環境を快適に創造し，維持していくための基本となる5つの環境要素です。これらの要素を建築環境で具現化するには，屋根や壁・窓などの建築シェルターを駆使して創造するパッシブな方法と，暖房や冷房，照明・換気・給排水などの設備機器を装備することによって実現するアクティブな方法とがあります。

　設備は，空間に直接作用する設備機器類と設備機器にエネルギーや水を搬送するための配管・配線やダクト（以下，配管類といいます。）から構成されます。一般に空間に露出している設備機器類は，建築のライフスパンのなかで何度か，新しい最新型の機器に交換されます。
　それに比べて，配管類は天井裏や床下，パイプシャフト内に隠蔽され，住まい手がその劣化に気づくことは少ないといえます。設備機器が停止し，機能が果たせなくなってはじめて，配管類の異常に接し，劣化していることを知り，緊急修繕を行っているのが現状です。
　1980年ころまでは，配管類は建築の寿命と同じくらい耐用年数があると思われていました。というよりは配管類の寿命について真正面から取り組む姿勢が希薄だったといえます。このころから，給水配管の赤水問題が頻繁に発生し，配管は腐食したり，漏水したりすることへの認識が高まってきました。空調配管においてもさまざまな種類の腐食が判明し，ようやく維持管理のための配管類に対する耐久性研究がはじまりました。
　当時の建設省は耐久性総プロという研究事業を創設し，1985年には配管類の耐用年数や腐食診断方法，腐食対策の指針をまとめました。その結果，配管類は必ず劣化するものとして建築計画に盛り込まれるようになり，そして今日までに，高耐久性配管材料の開発，配管類の維持管理更新技術などの基準や制度が組み立てられてきました。

　第1章では，建築環境を支える設備機器について見つめ直すことにします。そのために，環境と設備を結びつけている性能の数値を理解すること，次に，設備がその働きを持ちつづける時間的限界を知ることが必要です。その上で，現在の主な設備機器が抱える今日的課題を取り上げています。

第2章では，隠蔽された配管類の劣化兆候の把握と診断手法についてとりあげます。

最初に，配管設備の現状を把握する方法を述べています。そのためには現在住んでいるあるいは使用している建築物にどのような配管類が隠れているのかを調べることにしています。次にその配管類がどのような素材であるかを整理します。建築が竣工した時期を特定できれば，おおよそ使用されている配管の素材を知ることができ，劣化の傾向をつかむことができるからです。

設備の図面は，往々にして失われたりしていることも少なくありません。図面がある場合は，配管の位置と管径などがわかり，修繕に役立ちます。マンションなどの区分所有ビルでは，共用配管と専有配管とに区分されるため，診断や修繕の手続きが異なってくることに注意を払う必要があります。このように自分の建築の配管の働きをどのように知るかが第2章の役割です。

第3章では，主として集合住宅の配管設備の劣化診断を中心に理解を深めます。配管診断には，目視による診断と詳細な診断とがあります。慣れてくると目視の診断でおおよその状態を把握できます。管理組合の同意を得るためや予算を確保するために定量的把握を必要とする場合には，非破壊検査を行います。目視から非破壊検査までのプロセスと診断のポイントについて，給水配管・排水配管・冷温水配管に分けて説明してあります。

配管設備は，人の身体でいえば血管のようなものです。血管の老化によって起きるさまざまな身体的リスクはいうまでもありません。ある日，突然，配管類に異常が発生し設備システムがダウンすることは建築にとっても大きなリスクです。

建築の配管類の状態を定期的に把握し，見つめ直していくことは，建築に携わる者の重要な使命といえます。

第1章　設備の働きを見つめ直す

2-1 設備の性能を判断する数値を知る

設備は定量的評価が求められる。複雑な計算が必要な場合もあるが，概算値を記憶しておくと現場で便利である。

(1) 給水設備の数値

給水の性能は，水質と流量と圧力による。水質としては，水栓末端に残留塩素が残っていることが大事である。

水栓から，快適な流量の水が吐水するためには，圧力が適正であることが条件である。

(2) 給湯設備の数値

給湯設備は，給水設備と同様に水質・流量・圧力が適正であることが必要条件であるが，その他に温度の条件が加わる。用途ごとに使用温度は異なっている。

電気方式の給湯器の場合には貯湯式が一般的であり，深夜電力利用の場合には，家族数によって夜間に溜めておく貯湯量が異なる。貯湯量が不足すると，昼間に湯切れを起こすことがあるので，計画時に注意を必要とする。

また，家庭でのエネルギーの使用量の28%は給湯エネルギーであることから，省エネ効率のよい給湯器の選択が大切である。

(3) 排水設備の数値

排水設備で重要なことは，排水管の端末器具のトラップが破封しないことである。

トラップの**封水深**は，どの排水器具においても一般に50 mmとなっている。スケールを差し込み，封水が50 mm残っていれば正常と判断できる。

表2・1　給水設備における数値

給水栓における水が保持すべき遊離残留塩素		0.1mg/L 以上
給水管内の標準的な流速		1.5～2.0 m/s 以下
設計対象給水量	戸建住宅	300～400 L／人・日
	集合住宅	200～350 L／人・日
	官公庁・事務所	60～100 L／人・日
器具の最低必要圧力	一般水栓	30 kPa
	一般大便器洗浄弁	70 kPa
	壁掛型小便器用	30 kPa
	シャワー	70 kPa
	ガス瞬間湯沸器 7～16号	50 kPa
	ガス瞬間湯沸器 22～30号	80 kPa
事務所ビル・工場の給水管圧力の上限値		400～500 kPa
集合住宅の住戸内給水管圧力の上限値		300～400 kPa

表2・2　給湯設備における数値

家庭用エネルギー消費の中の給湯の割合		28%
給湯の一般的供給温度		60℃
給湯の使用適温	食器洗浄	39℃
	洗髪	40.5℃
	入浴	40.5℃
	ハンドシャワー	40.5℃
	皿洗機	70～80℃
設計用給湯量	集合住宅	150～300 L／人・日
	事務所	7～10 L／人・日
	ホテル客室	150～250 L／人・日
深夜電力温水器の貯湯量	1人世帯	170～200 L
	2～3人世帯	250～300 L
	3～4人世帯	380～420 L
	4～5人世帯	420～460 L
深夜電力利用温水器の貯湯温度		85～90℃
潜熱回収型給湯器の効率（エコジョーズ）		95%
CO_2ヒートポンプ給湯器の効率（エコキュート）		約300～400%

トラップが破封しないためには，共用排水立て管内部の圧力変動が±400 Pa 以内に収まるように，排水管内の通気を確保しなくてはならない。

また，排水が円滑に流れるためには，排水横枝管の勾配が適正であることが求められる。

とくに，床下寸法を節約するために適正な排水管勾配をとらずに施工されることがあるが，計画・施工の際に留意が必要である。

住宅の排水管の管径は，便所の汚水管は75 mm，その他の雑排水系統は 40～50 mm と記憶すればよい。

近年，集合住宅で排水ヘッダが利用される場合があるが，この場合は，排水立て管と排水器具が 1 対 1 で接続されることから器具どうしの影響が少なく，50 mm の配管でも 1/100 の低勾配が認められている。

節水型便器は，少ない洗浄水量で汚物を排出できる構造で造られるもので，従来型では13 L 程度であったが，JIS では 8.5 L 以下のものを「節水Ⅰ型」，6.5 L 以下のものを「節水Ⅱ型」という。BL（一財ベターリング）では，6.0 L 以下のものを超節水型とよんでいる。近年では，洗浄水量が 5 L を下回る機種も市販されている。（2-10 参照）

(4) 空調・換気設備の数値

空調・換気設備では，まず，室内の環境基準の数値を知ることが重要である。

建築物における衛生的環境の確保に関する法律（通称：建築物衛生法）で，多数の者が使用する特定建築物を対象としているが，建物所有者がこの基準に基づいて建築物を維持管理することを義務づけている。この数値は，環境を診るときのひとつの目安になる。

冷暖房負荷については，実際には詳細な計算

表 2・3 排水設備における数値

トラップの封水深		50～100 mm
誘導サイホン作用を防ぐための排水立て管内圧力の変動		±400 Pa 以内
管径別排水管の最小勾配	65 mm 以下	1/50
	75 mm・100 mm	1/100
	125 mm	1/150
	150 mm	1/200
衛生器具の最小管径	大便器	75 mm
	小便器	40～50 mm
	洗面器	30 mm
	住宅用浴槽	40 mm
	住宅棟洗濯機	50 mm
	台所調理用流し台	40 mm
固形物を円滑に流す排水流速		0.6～1.5 m/s
節水便器の洗浄水量基準 ・JIS A 5207（2011.1）改正 ・BLE WC（2011.1）改正	節水Ⅰ型（JIS）	8.5 L 以下
	節水Ⅱ型（JIS）	6.5 L 以下
	超節水型（BL）	6.0 L 以下

表 2・4 空調・換気設備における数値

室内環境基準 （建築基準法・建築物管理衛生法）	浮遊粉じん量	0.15 mg/m³ 以下
	CO 含有率	10 ppm（0.001％）以下
	CO₂ 含有率	1000 ppm（0.1％）以下
	温度	17℃ 以上，28℃ 以下
	相対湿度	40％ 以上，70％ 以下
	気流	0.5 m/s 以下
	ホルムアルデヒド	0.1 mg/m³ 以下
事務所建物の冷暖房負荷の概算値	冷房負荷	低層 80～160 W/m² 高層 110～200 W/m²
	暖房負荷	低層 80～130 W/m² 高層 110～170 W/m²
住宅・集合住宅の冷暖房負荷の概算値	冷房負荷	南向き 220～300 W/m² 北向き 170～240 W/m²
	暖房負荷（一般） （寒冷地）	南向き 110～180 W/m² 北向き 160～210 W/m²
居室の必要換気量	事務所 （個室 5.0 m²/人） （一般 4.2 m²/人）	6.0 m³/h・m² 7.2 m³/h・m²
	住宅・アパート （3.3 m²/人）	9.1 m³/h・m²
シックハウス対策の換気	住宅居室の機械換気回数	0.5 回/h 以上

が必要であるが，数値のオーダーを覚えておくことは役に立つ。また，必要換気量についても，事務所・住宅について，概数は記憶しておくとよい。

2-2 使われている設備の耐用年数から寿命を診る

(1) 耐用年数の概要

表2・5に，既往の公表されている耐用年数に関する資料から，主要な設備の耐用年数の最小値と最大値を一覧表に示した。実際には，用途や使用頻度などによって耐用年数の幅は異なると考えられる。

一般にメーカが示す耐用年数は短く，実際の耐用実年数と異なることが多い。

(2) 耐用年数の考え方

耐用年数の考え方にはさまざまな側面があることや，機器の使い方やメンテナンスの仕方によっても変わることから，耐用年数を一義的に定めることは難しく，ひとつの目安であることを認識すべきである。

耐用年数の考え方には次のものがある。

(a) 物理的耐用年数

機器や装置を長期間使用していると，次第

表2・5 設備の種類別耐用年数の目安（年）

設備	各機器	耐用年数
盤類	動力制御盤	20～30
	電灯制御盤	25～30
照明器具	蛍光灯器具	10～30
	白熱灯器具	15～30
弱電設備	電話交換機	15～30
	インターフォン	20
	TVアンテナ	10～15
火災報知器	感知器	20
	受信機	20
配線機器類	スイッチ	5～20
	コンセント	6～20
配線配管	電線類	20～40
	ケーブルラック	60～65
冷熱源機器	鋼板製ボイラ	15～25
	鋳鉄製ボイラ	10～30
	ターボ冷凍機	20～25
	往復動冷凍機	15
	吸収式冷凍機	15～20
	ヒートポンプチラー	15
	冷却塔	13～20
空調機器	エアハンドリングユニット	15～20
	空気熱源HPユニット	15
冷暖房ユニット	ファンコイルユニット	15～20
	ファンコンベクター	15～20
全熱交換器	全熱交換器	15～20
	全熱交換換気ユニット	15～20
送排風機	送風機	18～20
	排風機	25
ポンプ類	揚水ポンプ	15～20
	冷温水ポンプ	15～20
	給湯循環ポンプ	15～20
	冷却水ポンプ	15～20
	雑排水ポンプ	10～15
	消火ポンプ	20～27
水槽	鋼板製受水槽	20
	FRP製受水槽	20～25
	ステンレス製受水槽	20～30

に機能が低下したり，劣化により故障が多くなってくる。この故障率の時間的変化を図式化するとバスタブに似た曲線となることから，**バスタブ曲線**といわれている。

機器や装置を使い始めてしばらくは，**初期故障期間**という。その後，故障率が安定し，規定の故障率を下回ると**偶発故障期間**という安定した期間を迎える。やがて劣化がはじまり**摩耗故障期間**を迎え，故障率が再び規定の数値を上回るようになる。このように規定の故障率以下にある期間を一般に**寿命**といい，**物理的耐用年数**と定義している。

(b) 経済的耐用年数

修理することにより機能回復が可能であっても，その費用が交換するよりも高額となるような限界を**経済的耐用年数**という。

とくに，エネルギー効率に係わる機器類は，最新機器に比べて省エネ性が悪く，運転に経費がかかる場合もこの種の耐用年数の限界となる。

(c) 社会的耐用年数

物理的・経済的に使用可能であっても，外観や使い勝手などが悪く陳腐化が目立つようになった場合は，**社会的耐用年数**が到来したと考えられる。

とくに，住宅設備機器の分野においては，この耐用年数が問題になることが多い。

分類	機材	年数
配管	炭素鋼鋼管（白）（給水）	18～20
	炭素鋼鋼管（白）（給湯）	12～18
	炭素鋼鋼管（白）（排水・通気）	18～30
	炭素鋼鋼管（白）（消火）	18～20
	炭素鋼鋼管（白）（冷温水）	18～20
	塩ビライニング鋼管（給水）	25～30
	銅管（給湯）	15～30
	銅管（冷媒管）	30
	ステンレス管（給水・給湯）	30
	塩化ビニル管（給水・HIVP）	20～30
	塩化ビニル管（排水・VP）	25～30
	鋳鉄管（排水）	28～40
	ヒューム管（排水）	28～40
ダクト・制気口	空調用ダクト	20～30
	パン型吹出口	20～30
湯沸器	ガス湯沸器	10
	電気湯沸器	10
消火機器	屋内消火栓	20～30
	送水口	20～30
衛生器具	大便器（和風）	25～30
	小便器	25～30
	洗面器	25～30
	洗面化粧台	15
	水栓類	15～20
エレベータ		20～25

(d) 計画耐用年数

一般的に設備に用いられる機材の耐用年数とは，建築設備の計画時に，その機材が通常の適正なメンテナンスによって支障なく機能を発揮できるとして設定した耐用年数を**計画耐用年数**という。

【耐用年数の既往の文献】（表中，薄い網掛け部分は文献によるバラツキを示す。）
① 日本建築学会経済委員会「修繕方式の標準」（1955年「耐火建築物の維持保全に関する研究」）
② （公財）建築保全センター「建築物のライフサイクルコスト」（1993年経済調査会）
③ 小林清周「修繕方法の標準」（1975年「ビル管理」森北出版）
④ （公社）ロングライフビル推進協会（BELCA）「LC評価データー集（改訂版）」（1999年）
⑤ 久保井敬二「設備機器の耐用年数について」（1979年「建築保全2号」）
⑥ （一社）建築業協会「設備機材の具体的耐用年数の調査報告」（1979年）
⑦ （公社）空気調和・衛生工学会「空気調和・衛生設備の基礎知識　改訂版」（2009年）
⑧ 住宅金融支援機構「マンションライフガイド」（2007年）

2-3 エアコンの性能・効き方を診る

(1) 省エネ性能の高い製品の選び方

エアコンの省エネ性能は大きく向上した。現在のエアコン消費電力は，10年前より年間で約18%も削減されている。エアコンの省エネ性能は，省エネルギーラベルなどで確認でき，APF（通年エネルギー消費効率）で表示される。APFの数値が大きいほど省エネ性能が優れている。

室内機の形態，冷房能力，室外機の寸法が同じならば，省エネ基準達成率が高いほど省エネ性能が優れていて，年間エネルギー消費量も少なくなる。

(2) 部屋に合った能力の機種の選び方

エアコンは，設置する部屋の畳数を目安に能力がクラス分けされている。

同じ畳数でも，戸建住宅かマンションか，部屋の位置（方位，最上階），地域性などによって冷暖房負荷は異なる。

カタログなどに「暖房A～B畳，冷房A～B畳」のような記載がされている場合，Aは木造南向き和室，Bは鉄筋アパート南向き洋室の畳数をさしている場合が多い。

(3) エアコンに付加されている便利な機能

エアコンには，機種によって，次の①～⑥などの便利な付加機能が搭載されている。

① 空気清浄機能
② 除湿機能
③ 内部クリーニング機能
④ 加湿・換気機能
⑤ ゾーン空調機能
⑥ 操作性向上機能

図2・1 冷房能力別（2.8kW 8～12畳）比較（2003年の製品と2013年の製品）
（出典：一般社団法人 日本冷凍空調工業会 統計データ）

① 本ラベルを作成した**年度**を表す。
② 【多段階評価制度】
　　市場における製品の性能を，高い順に5つ星から1つ星の5段階で示している。星の下にトップランナー基準を達成・未達成の位置を明示している。
③ 【省エネルギーラベル】
　　年間消費電力量を示している。空調機の場合はAPF表示になっている。
　　APF＝（冷房＋暖房）期間中に発揮した能力の総和／（冷房＋暖房）期間中の消費電力量の総和
④ 統一省エネルギーラベルを貼り間違えないように，メーカー名・機種名を表示している。
⑤ 【年間の目安電気料金】
　　エネルギー消費効率（年間消費電力量等）をわかりやすく表示するため，年間の電気料金の目安を表示している。

図2・2 店頭で貼られた統一省エネルギーラベルの例

(4) 空調機の設置場所の注意

室内機の設置場所は，次の①～⑤に注意する。

① 障害物がなく冷温風が行き渡るところ
② 室内機や壁が振動しない丈夫なところ
③ 冷媒配管，配線がしやすいところ
④ 料理油の飛まつを吸い込まないところ
⑤ センサー部に直射日光が当たらないところ

室外機の設置場所は，次の①～⑤に注意する。

① 雨や直射日光が当たらない風通しの良いところ
② 吹き出した風が再び吸い込まれないところ
③ 積雪で埋まらないところ
④ ドレン排水の水はけが良いところ
⑤ 運転音の影響がないところ

ドレン配管の設置は，次の①～④に注意する。

① 漏水は，ドレン管の勾配不良，ドレン管の差し込み不足とシール不足，ドレン管やドレンパンの汚れなどで発生することがある。
② 内壁に発生する結露は，外壁貫通部のシール不良などにより，外気が内装材と外壁の間に侵入して起きることがある。
③ 異音は，勾配不良によりドレン管内に溜まった凝縮水が，ドレン管の先端にかかった風圧によって振動することにより発生することがある。
④ 異臭は，ドレン排水管の末端が排水溝などに開放されているなどして，排水溝などの汚れた空気が逆流して起きることがある。

図2・3　逆勾配の例

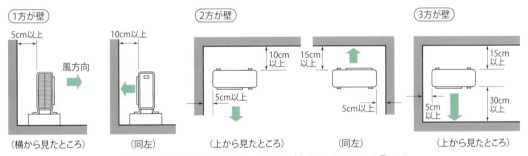

図2・4　屋外機の据付スペースの例（出典：ダイキン工業HP）

室外機の吸込口，吹出口周辺の障害物からの離隔距離の例，いずれの据付パターンでも，吹出側壁面高さは120 cm以下とする。

2-4 24時間換気が機能しているかを診る

(1) 住宅の換気には全般換気と局所換気がある

住宅の換気には，住宅全体を換気する**全般換気**と，厨房・便所・浴室など個別に専用の換気扇を設けて換気する**局所換気**がある。

24時間換気は，全般換気に含まれ，内装材や接着剤等からの化学物質（ホルムアルデヒド等）の発散に対する衛生上の措置（**シックハウス対策**）として，建築基準法で設置が義務づけられている（建築基準法第28条の2）。

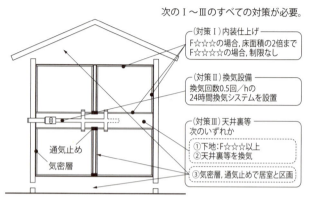

図2・5 ホルムアルデヒドに関する規制
（住宅のタイプ別の対応方法の例）
（出典：国土交通省）

(2) 全般換気の主な計画手順について

局所換気については法律や基準で換気方式や換気量が定められている（次ページコラム1参照）が，24時間換気の計画では，まず室内の汚れた空気を排出し，新鮮な外気と入れ替えるための，給気から排気に至る空気の流れ（換気経路）を計画し，換気量の算定をしなければならない（図2・6）。

(3) 24時間換気の必要換気量の設定について

住宅等の居室では，換気回数を0.5回/hとして，次の式で必要換気量を求める（建築基準法施行令第20条の8）。

必要換気量(m^3/h) ＝ 換気回数(回/h) × 居室の床面積(m^2)×居室の天井高さ(m)

全般換気の対象となる居室ごとに必要換気量を計算し，それらを合計して住宅全体の換気量とする。

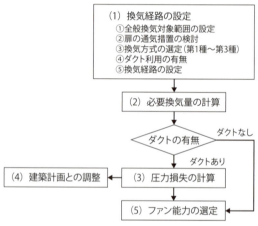

図2・6 全般換気の主な計画手順

(4) 24時間換気の換気方式について

24時間換気の経路を設定する場合に，外壁に設けた給気口から外気を取り入れ，扉のアンダーカットを通して廊下に通気し，浴室等の換気扇で集中排気するのは，第三種換気方式によるものである。熱交換換気扇を利用した方式は，第一種換気方式となる。

図2・7 換気経路にある扉の例

(5) 扉の通気措置の検討をする

換気経路にある扉は，通気のための開口が必要となる。扉にガラリや高さ1cm程度のアンダーカットを設けることで必要な通気を確保する。また，折れ戸や引き戸など比較的すき間の多い建具は，換気経路としてそのままで有効である（図2・7）。

リフォームの際に24時間換気を計画する場合は，建具の変更や家具の移動などが伴うために，換気経路の確保が難しい場合がある。その場合には，ダクト方式や壁付け給排気換気扇の利用を考えるとよい。また，通気することで部屋間の生活音の漏えいが起きる場合もあることから注意を要する。

(6) 換気量の測定法

室内の換気量の測定は，吹出し口で熱線風速計などを用いて測定した平均風速と吹出し口面積の積から求めた風量をもって行う。風量測定方法は JIS A 1413-1994（空気調和・換気設備測定方法）で規定された方法がある。住宅の風量を測定する場合は，フード式風量測定器を用いると効率的である。

図2・8 熱線風速計（左），フード式風量測定器（右：TSI社製）

コラム1　局所換気風量の目安

室名	項目	換気回数 (回/h)	一般的な気積 (m^3)	一般的な換気風量 (m^3/h)	備考
ユニットバス		10～20	3.9	80	ユニットバス：1.2 m×1.3 m×2.0 H
洗面所	乾燥機あり	機器による	—	120	
	乾燥機なし	10	5.6	60	洗面所：1.5 m×2.0 m×2.1 H
便所		10	2.81	30	便所：0.9 m×1.5 m×2.1 H
洗濯室	乾燥機あり	機器による	—	120	
	乾燥機なし	5	2.1	10	洗濯機室：1.2 m×1.6 m×2.0 H
電気温水器置場		—	発熱量より	150	
クロゼット・納戸		3	—	—	3 m^2以上は機械換気が望ましい

（出典：「建築環境工学（第三版）」倉渕　隆著　市ヶ谷出版社）

2-5 熱交換換気扇が機能しているかを診る

(1) 熱交換換気扇の効率を知る

室内の換気では，排気する風量だけ外気が給気されることになる。その際，排気する空気と給気する空気の間で熱交換をすることにより省エネを図るのが熱交換換気扇である。

全熱（顕熱および潜熱）交換器を採用すると，換気によって失われる熱量から，温度と湿度も交換回収できるため，高い省エネ効果を発揮することができる。

建物全体の冷暖房負荷を 20～30％ 削減することができるとする試算がある。

(2) 全熱交換換気扇の仕組みを知る

図 2・9（a）に示すように，外気⇒給気経路と還気⇒排気経路を交差させて，室内の空気の温度・湿度（顕熱・潜熱という。）を給気側に移し替えて換気する換気扇を**全熱交換換気扇**という。

図（b）に示す全熱交換素子の通気抵抗が大きいので給気側，排気側の両方に送風機が必要になり，第一種換気方式の分類に入る。

全熱交換換気扇の利用により，外気が直接室内に入る場合に比べて熱環境を乱すおそれが少なく，寒冷地で気密性が高い住宅などに設置すると省エネ効果も期待できる。

(3) 静止型と回転型熱交換扇の仕組み

熱交換換気扇には静止型と回転型がある。静止型には，直交流型と向流型とがある。

いずれもライナー（平面シート）で仕切られ，互いに独立した 2 つの流路を交互に積み重ねた構造をしている。

2 つの流路は混ざり合うことなく流れ，給排気を隔てる仕切り板を，伝熱性と透湿性をもつ

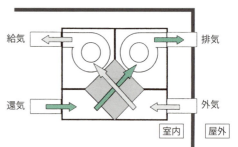

(a) 全熱交換換気ユニット

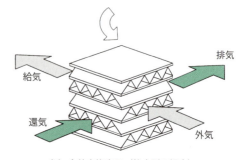

(b) 全熱交換素子（静止型の場合）

図 2・9　全熱交換換気扇の仕組み

（出典：「建築環境工学（第三版）」倉渕　隆著　市ヶ谷出版社）

図 2・10　天井埋込型熱交換器（出典：三菱電機）

材料で構成しているため、顕熱交換と潜熱交換を同時に行うことができる。静止型は構造が簡単で小型装置に向いている（図2・10）。

回転型全熱交換器は、オフィス等の業務用空調で用いられるエアハンドリングユニット（AHU）などに内蔵されている。排気側と給気側を隔離したケーシング内で、ハニカムローターが回転する構造になっている。

全熱交換器は、原理的には回転型顕熱交換器と同じであるが、ハニカムローターに吸湿性をもたせ、潜熱（湿度）交換も同時にできるようにしているところが異なる。

吸湿性をもたせる方法は、多孔質ハニカムに塩化リチウム等の吸湿性の塩を含浸させる方法、シリカゲルやゼオライトをコーティングする方法、アルミ箔の表面に化学的に吸湿性の皮膜を形成する方法等がある。

(4) 全熱交換器の耐用年数について

全熱交換器（全熱交換器単体、全熱交換・換気ユニット）は、それぞれ13～15年の耐用年数が目安となっている。全熱交換器は、熱交換素子・送風機・電動機・ケーシングなどの部品によって構成されているが、これらの部品は徐々に劣化する。定期的な保守・点検を行うことによって、偶発的な故障を抑え、耐用年数を延ばすことができる。

事後保全と予防保全とでは、全熱交換器としての機能・性能の劣化度合いが異なり、耐用年数に差が生じる。適切な予防保全が必要である。

適切な予防保全を行うためには、保守・点検のための点検スペースを確保しなくてはならない。

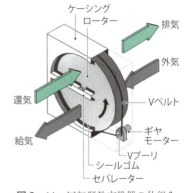

図2・11 回転型熱交換器の仕組み
（出典：「回転型熱交換器のしくみ」ウィキペディア）

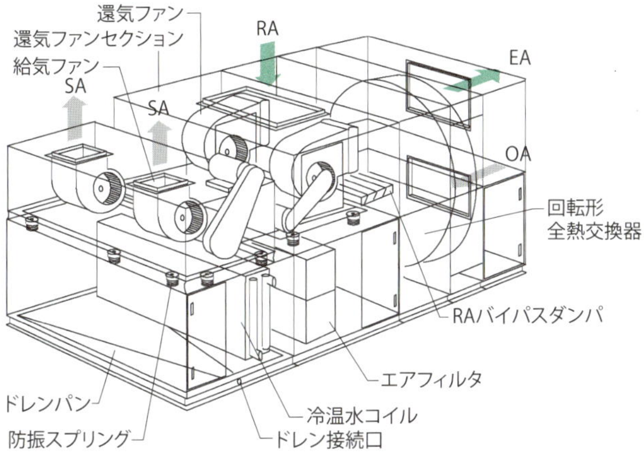

図2・12 全熱交換器組込みAHUの例
（出典：暖冷工業HP）

2-6 レンジフードが機能しているかを診る

(1) レンジフードに関する法律を知る

建築基準法では，厨房などの調理室にコンロその他の火を使用する設備や器具を設置する場合，法令で定める技術基準に従って，換気設備を設けなければならないと定めている（法第28条第3項）。

調理室等に設ける換気設備の有効換気量は，右段の囲み内の式によって計算する（法第20条の3）。

IHクッキングヒーター等の電化厨房に関しては，換気に関する法規上の定めはない。しかし，調理に伴う臭い，蒸気やオイルミスト等に関しては速やかに排出する必要があるため，一定以上の換気量を確保することが望ましい（東京都では300 m³/hを推奨値としている）。

(2) レンジフードの吸込みが悪い原因を知る

レンジフードの吸込みが悪い原因としては，次のことが考えられる。

① レンジフードから外気までの排気ダクトの径が細い，曲がりの数などが多い，ダクトが長いなどの原因で，摩擦抵抗が大きく換気の所定風量が得られない場合

② 給気口がなく他の部屋から空気を誘引している場合や，何らかの理由で給気口が閉塞している場合

③ 油などにより，フィルタの目詰まり，ファンの羽根の汚れ付着，逆流防止ダンパの固着などがある場合

④ レンジフードとコンロの距離が離れすぎている場合や，近くに空調機等の吹出し口があり，コンロの上昇気流を阻害している場合

$V = N \times K \times Q$

 N：定数（下図のとおり）
 V：換気扇等の有効換気量（m³/h）
 K：燃料の単位燃焼量当たりの理論排ガス量（m³/kWh またはm³/kg：都市ガスの理論廃ガス量は0.93 m³/kWh）
 Q：火を使用する設備または器具実況に応じた発熱量または燃料消費量（発熱量kW，燃料消費量m³/hまたはkg/h）

（Qは，機器によって異なる。参考として都市ガス機器（13A）の1口コンロは0.22m³/h，2口コンロは0.5m³/h，3口コンロは0.72m³/h程度が目安）

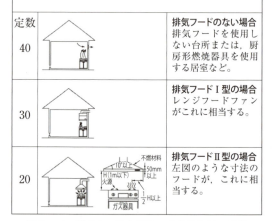

図2・13 調理室の換気設備の有効換気量の計算

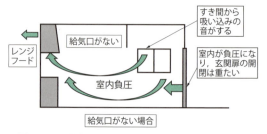

図2・14 給気口がないために起こる異常負圧現象

(3) 給気口がないために起こる異常負圧現象に注意する

気密性の高いマンションなどで，レンジフードが作動すると起きる異常負圧現象には，次のことがある（図2・14）。

① 玄関の扉が開きにくくなる。
② 隣室の窓サッシからすき間風が入り，笛のような音がする。
③ 換気扇のうなる音が大きくなる。
④ 便所などの封水が破封する。

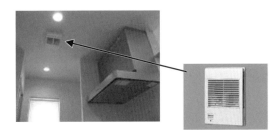

図2・15 レンジフードファンと連動した換気扇連動型給気口の設置例
（出典：パナソニック給気電動シャッター）

(4) 給気口を適正に設置することを忘れない

厨房換気扇の風量は，300～400 m^3/h と，便所等の局所換気量（20～40 m^3/h）に比べて格段に多い。したがって，厨房の換気扇を運転すると周辺の空気を吸い込み，足元が寒いなどの支障が生じる。

そのため，適正な位置に給気口を設置することが大切である。また，レンジフードと連動して開閉する給気口の設置も有効である（図2・15）。

(5) 同時給排気型換気扇を利用する

レンジフードファン自体に給気用ダクト，排気用ダクトが直接外部と接続されており，外部からの外気をコンロ回りに導入し，汚れた空気とともに吸い込み直接排気する，給排気型レンジフードは高層の気密性の高いマンション等では採用されている（図2・16）。

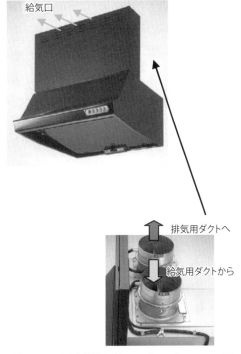

図2・16 同時給排気型レンジフードファンの例
（出典：富士工業）

2-7 浴室換気扇が機能しているかを診る

(1) 水回りの換気方式を知る

浴室・洗面・便所などの水回りの換気方式には，各室を単独で換気する**各室換気方式**と2～3室を同時に排気する**多室換気方式**がある。

浴室・洗面・便所などが離れて計画される場合には，単独の換気設備が設置され，直接外部に汚染された空気を排出している。

マンションのように水回りが集約されて計画されている場合は，浴室＋洗面＋便所の3室，あるいは洗面＋浴室の2室を同時に換気する方式が採用される場合が多い。

(2) 浴室換気が悪いと生じる不具合を知る

- 浴室で排水管内の臭いがする──→図2・17の⑥の排水口のトラップ（図2・18, 19）が汚れているか，破封している場合に起きる。
- 浴室に便所の臭いが混入する──→換気扇のスイッチの配線不良や，シャッターの不具合などで起きる。
- 便所の吸気口から冷気が吹き出す──→図の③便所吸気ダクトと，④排気吐出ダクトの接続ミスなどで起きる。
- 入浴中に冷気を感じる──→図の⑤浴室ドアガラリから，洗面所の冷気が腰のあたりに侵入して寒さを感じる。

(3) 浴室暖房乾燥機の採用を考慮する

浴室ユニットの天井面に設置される**浴室暖房乾燥機**には，さまざまな機能が搭載されてい

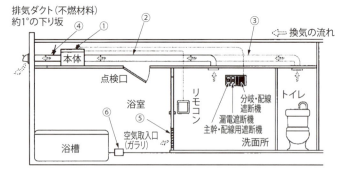

図2・17 水回りの換気の例
① 浴室換気扇　　② 洗面所吸気ダクト　　③ 便所吸気ダクト
④ 排気吐出しダクト　⑤ 浴室ドアガラリ　　⑥ 排水口トラップ

図2・18 浴室ユニットのトラップの例
目皿部に髪の毛等の汚れが溜まりやすく臭気の原因となる。

図2・19 床排水トラップの例

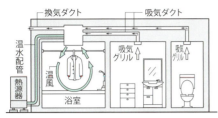
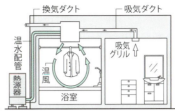

図2・20　浴室乾燥機のしくみ（出典：東邦ガスHP）

る。とくに超高層マンションなどでは，ベランダ等に洗濯した衣類を干すことができないこともあり，衣類乾燥機は必須の設備となっている。ユニット内のハンガーに衣類を吊るし，2〜3時間で乾燥できる能力をもっている。

換気機能は，24時間換気第三種換気方式の典型として，各室の排出する空気が浴室に集められ，集中して排出する機能をもっている。

(4) 浴室の健康管理アイテムを利用する

洗面所や浴室の**ヒートショック**を防ぐために，浴室暖房は高齢社会の必需品になりつつある。浴槽に湯張りをする段階で，暖房ができることを音声で案内する機種もある。

また，ミストを発生させることで，浴室をミストサウナとして，発汗，保温・保湿などのさまざまな効果を発揮する装置も市販されている。ミストの粒子によって次の3つのタイプが選べる。

① スプラッシュミスト：細かい霧雨程度（100〜50 μm）のミスト粒子を噴出。
② マイクロスチームミスト：目に見えない微粒子ミスト（3 μm）発生，ぬれにくいのが特徴。
③ マイクロミスト：目に見えないナノ微細ミスト（1 μm以下）で浴室全体を均一なサウナ空間にする。メガネも曇らないのでテレビ，読書が可能。

図2・21　浴室暖房乾燥機の機能

図2・22　ミスト発生装置の例
（出典：東京ガスHP）

2-8 水道水の水質の確保を診る

水道施設の配水管から分岐した，建物側の給水用具を給水装置とよび，給水装置には水質を確保するためのさまざまな措置が講じられている。

(1) 水道水の水質基準の確保

水道法では，水道によって供給される上水の水質基準を 51 項目（平成 26 年 2 月 28 日改正で亜硝酸態窒素の項目が追加され 51 項目となった。）を省令で定めている。このうち，主要な項目については，建築物衛生法などで定期的検査が要求される。

上水には，殺菌効果のある残留塩素が必要とされており，末端給水栓において保持すべき遊離残留塩素 0.1 mg/L（結合残留塩素の場合 0.4 mg/L）以上としている。

(2) 水道水の汚染防止対策の実施

(a) クロスコネクションの防止対策（図 2・23）

建物内にはさまざまな配管が混在している。施工の際に，異種系統の配管を誤って接続しないよう留意する。

(b) 逆サイホン作用による汚染の防止（図 2・24）

一度使用した水が，給水管内に生じた負圧な

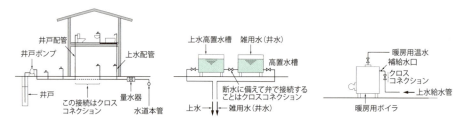

図 2・23　クロスコネクション

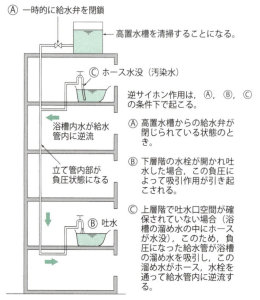

図 2・24　逆サイホン作用による汚染の例

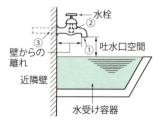

(a) 吐水口空間と有効開口の内径

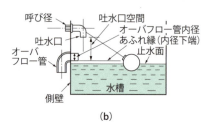

(b)

図 2・25　近隣壁の取り方と水槽の吐水口空間

どにより逆サイホン作用を起こし，給水管内に逆流しないように注意する。

(c) 吐水口空間の確保（図2・25）

給水栓の端部と衛生器具のあふれ縁との間に空間を確保する。この空間を吐水口空間といい，給水管へ汚水が吸引されないように注意する。

(d) バキュームブレーカ（逆流防止器）の設置（図2・26）

フラッシュバルブ式の大便器洗浄弁のように，吐水口空間が確保できない衛生器具には，給水管の途中に逆流防止器などを設置する。

(e) 6面点検の義務化

貯水槽は周辺のすべての面から点検（6面点検という。）できるように，水槽の上面に1.0 m以上，側面と下面に0.6 m以上の空間を確保することが法律で定められている。そのため，地中梁を利用したコンクリート地下水槽は，既存不適格の扱いとなる。

(f) 貯水槽の清掃管理を行う

受水槽の有効容量10 m³を超えるものは，水道法上，簡易専用水道とよび，定期的な清掃などの管理基準や水質検査が定められている。

(a) 大便器洗浄用バキュームブレーカ　(b) バキュームブレーカ構造図

図2・26　バキュームブレーカ

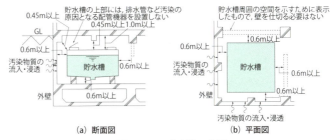

(a) 断面図　(b) 平面図

図2・27　貯水槽の設置

図2・23～2・27（出典：「建築設備（第三版）」　大塚雅之著　市ヶ谷出版社）

有効水量10 m³以下のものは小規模貯水道とよび，水道法の規制は受けなかったが，平成13年の水道法の改正により，水道事業者が衛生行政と連携して，設置者や管理者に対しての衛生管理に関する助言・指導・勧告などを行うことになった。

また，利用者に対しても情報の提供などを適確に行うことになった。

コラム2　給水に色がつくのはなぜ（東京都水道局）

赤水　給水管に水道用亜鉛めっき鋼管が使用され（昭和30年〜50年代前半），その給水管の錆が溶出して鉄分濃度が一定値（0.3 mg/L）を超えると赤く着色する。

黒水　水中の微量なマンガンイオンが残留塩素に酸化されて黒く着色することがある。

白水　管材料の亜鉛の溶出で白く濁ることがあるが発生は少ない。間違いやすい現象に蛇口から出た水が白く濁って見えることがある。これは空気の混入によるもので1〜2分静置すれば透明になる。

青水　風呂に水を張った際，青く見えることがある。これは浴槽の水に光が当たると赤い光が一部水に吸収されて色のバランスが崩れ，水が青みを帯びて見えるためである。また，銅管から溶け出す銅も水の色を青くするといわれるが，通常，銅管から溶出する銅は微量で，水に色が着くことは少ない。

2-9 非常時の生活用水確保の可能性を診る

(1) 非常時の生活用水は確保できるかを知る

大震災等の被害を受けて停電した場合，高置水槽方式（図2・28（a））の場合は，揚水ポンプは停止するが，受水槽には建物の1日の使用水量の1/2程度，高置水槽には1/10程度の飲料水は留保されている。とくに高置水槽内の上水は，重力によって供給されているために，停電後もしばらくは各住戸の給水栓から飲料水をいつものように利用できる。

受水槽から直接各住戸まで供給するポンプ直送方式（図(b)）の場合は，停電とともに各住戸の給水栓からの水はポンプが停止するため利用できない。

非常時の場合，受水槽内の水は地上階までバケツ等で取りに行き利用することになる。

水道と直結した水道直結増圧方式（図(c)）で，水道圧が低い場合は停電と同時に上水を確保することはできなくなり，給水車に依存することになる。

とくに最近のマンションでは，給水設備の改修の際に，高置水槽方式等を直結増圧方式に変更することが多く，結果として非常時の水の確保が問題となることがある。

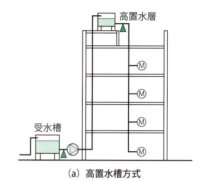
(a) 高置水槽方式

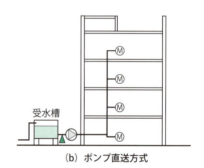
(b) ポンプ直送方式

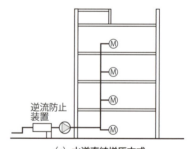
(c) 水道直結増圧方式

▲：緊急遮断弁の設置位置

図2・28 被災時の生活用水

緊急遮断弁

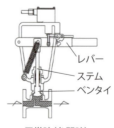
平常時（弁開時）

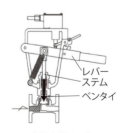
感振時（弁閉時）

図2・29 緊急遮断弁（B社製）

(2) 緊急遮断弁の設置の必要性を知る

被災時に揚水管・給水管などの損傷によって，配管から漏水が起きた場合，高置水槽や受水槽の溜水が流出することがある。そのため，図2・28（a），（b）の方式では槽の出口に震度5以上の地震に感知する感振器付緊急遮断弁を設置する（図中▲印）。

溜水を利用する場合には，手動で開栓して居住者に分配することができる。

(3) 避難生活に必要な飲料水の目安を知る

東京都は地域防災計画に基づいて水の確保を呼びかけ，飲料水は，1人1日当たり3Lを最低3日分，家庭に備蓄するように求めている。この水量は，どの自治体でもほぼ同じ量である。この3Lの水量は，成人の生命維持に必要とされる水分量2〜2.5L/人・日に若干の余裕を加えた量が根拠となっている。3日分は，災害発生後72時間の初期段階で，ライフラインが復旧して飲料水が供給されるまでの，自力で対応する期間を想定している。

(4) 非常時に必要な生活用水の目安を知る

飲料水以外の生活用水はどのくらい必要になるか。この量の目安については自治体によって差異がみられ，また，その根拠も曖昧である。災害時にどの程度の生活用水が必要になるかの学術的データが不足しているのが原因かもしれない。

いろいろな資料を分析した結果，災害発生後4日目ごろには洗面・便所の水として，1人1日約20L，1週間目ごろには入浴・洗濯などの水量40Lほどが必要になり，2週間目には100Lの水が最低でも必要との結論になった。この100Lは渇水期に生活がぎりぎりできる節水限界に近い量で，実態調査から導かれた数字である。平時に1人1日に使う量が約200Lといわれていることから，およそ半分程度である。

マンション等で発災後1週間を目途に避難生活をする場合には，1人1日当たり飲料水3Lと生活用水40Lを備蓄するか，あるいは何らかの形でマンション内に供給することが必要になる。

表2・6 避難生活に必要な飲料水の目安　　（単位：L/人・日）

	第1段階	第2段階		第3段階	第4段階
用途	被災〜3日目	4日目〜	8(11)日目〜	14(21)日目〜	29日目 （5週目以降）
飲料炊事	3	3	3	21	40.6〜67.1
洗面	—	6	6	6	8.9〜21.7
入浴	—	—	9	38	37.6〜64.6
洗濯	—	—	10	19	35.7〜71.5
便所	—	11〜16	11〜16	14	30.4〜46.8
その他	—	—	—	2	18.6〜21.6
合計	3	約20	約40	100	173.3〜294.8

（出典：大規模建築物の給排水設備等の防災対策に関する基準の検討：平成21年度　建築基準整備促進補助事業（株式会社　ジエス；財団法人　日本建築防災協会））

2-10 節水型便器の節水効果を診る

(1) 家庭での水道使用量

東京都での家庭における1人1日当たりの水道使用水量は，1997年度（平成9年度）では245 L/日・人，そのうち便所の使用割合は24%であったが，2002年度（平成14年度）では248 L/日・人，その使用割合は28%となっている。便器の洗浄用水量の占める割合は，風呂を抜いて高い比率になっている（図2・30）。

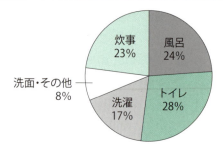

図2・30 用途別水道使用量割合（平成14年度）
（出典：東京都水道局）

(2) 節水便器の洗浄水量の定義

節水型便器，超節水型便器などと呼称されているが，その定義は必ずしもはっきりしていない。

- **JIS A 5207-2011** タンク洗浄方式で節水Ⅰ形は8.5 L以下，節水Ⅱ形は6.5 L以下とされている。
- **優良住宅部品認定基準BL** 超節水型便器の洗浄水量は，大洗浄（大便）のとき概ね6 L以下，小洗浄（小便）のとき概ね4.5 L以下であるとしている。
- **CASBEE（建築物総合環境性能評価システム IBEC）** 洗浄水量表示の場合，大洗浄8 L以下，小洗浄時6 L以下，タンク有効水量表示の場合は，大洗浄時6 L以下，小洗浄時4 L以下としている。

(3) 節水型便器の変遷

2015年4月1日，「（一社）日本衛生設備機器工業会」と「（一社）温水洗浄便座工業会」が合併し，便所・洗面室等，水回りに係わる設備機器を対象とした業界団体として「（一社）日本レストルーム工業会」が発足した。

同工業会の調べによれば，国内において，洗

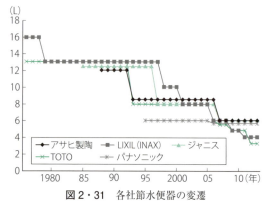

図2・31 各社節水便器の変遷
（出典：日本レストルーム工業会調べ）

浄水量6 L以下の便器が登場したのは1995年である。2006～2007年にかけて，各社から6 L以下の便器が市場に供給され，今ではすべてのメーカーにおいて発売されている。

(4) 節水型便器の排水管詰まりの予防対策

節水型便器を使用したことによって，排水管が詰まるといったクレームが増えている。

汚水などの汚物が円滑に流れるためには，適正な勾配と水流による汚物搬送能力が必要である。

節水型便器の使用が新築時に行われる場合には，勾配や汚物搬送能力について十分な検討がなされるが，既存建築の場合には，以下の諸点

について確認する必要がある。排水管の詰まりが懸念される場合には，安全のために6L以上の機種を選択するか，水量切り替えが可能な機種を選択するとよい。

① 既存建物の経過年数により排水管の閉塞が進んでいないか　排水管の寿命は，管材質や使用環境，清掃等のメンテナンスによって異なるが，30年を経過している場合には管内に堆積物が堆積している可能性があるため，内視鏡等で診断することが求められる。とくに，マンション等で一斉に交換する場合には，共用部分の排水立て管，横主管の閉塞状況および排水能力を確認することが大切である。

② 交換を予定する便器の位置と汚水排水立て管までの距離が長くないか　節水型便器の場合には，洗浄水が少ないために，便器から汚物が排出されたあと，管内に汚物が残り，一度に立て管まで搬送されず，何度か使用され追い水されることによって，立て管まで汚物が到着するといったケースもある。10mを超える場合は注意を要する。

　長期に住居を空ける場合には，配管内の汚物が乾燥して固化することがあるので使用後十分に水を流しておくとよい。

③ 勾配不良による排水管の詰まりが過去に起きていないか　便器の横引き排水管は通常，管径75mmの太さの配管が使用される。必要な勾配は1/100以上である。便器のすぐ後ろで排水立て管に接続している場合はよいが，排水立て管までの距離，曲がりなどが多い場合には，過去に排水管の閉塞トラブルが起きている可能性がある。このような場所で節水型便器に交換する場合は注意を必要とする。

(5) 節水型便器の洗浄メカニズム例（I社の事例）

　節水型便器のメカニズムには，水道圧を利用して，この圧力を「蓄圧式ブースター」内部のバネに溜めておき，排水時にはバネが戻る力により水流を加速させる蓄圧ブースター方式と，「エアドライブユニット」を用いた方式がある。

　エアドライブユニット方式とは，タンク内にはコップを逆さまにしたようなユニットがあり，この部分は管によってトラップとつながっている。洗浄用の水を流すと，タンクの中ではまずユニット外の水位が下がり，少し遅れてからユニットの水位が下がっていく。この水位が下がるにつれて，トラップ内の空気は管を通じてタンク内に引き込まれていくため，トラップ内に負圧が生じ，サイホン効果を強めて洗浄水を強く引き出す効能が発揮できる仕組みである。I社では，このテクノロジーで4L洗浄を可能としている。

ポイント1
無電源の『エアドライブユニット』をタンクに内蔵。強力なサイホン現象をすばやく発生させ，排出をアシスト。

ポイント2
上から100％洗浄で，鉢洗浄も排出も洗浄水4リットルをフルに使って流す。

ポイント3
溜水面は広いまま，便器形状（鉢，トラップ形状）を最適化。

〈エアドライブユニット構造〉
①タンク内水位が低下。
②少し遅らせて，エアドライブユニット内の水位を一気に下げることで，最適なタイミングで便器のトラップ内の空気を吸引。
③強力なサイホン現象をすばやく発生させる。

図2・32 4Lで強力洗浄を可能にしたトイレの洗浄テクノロジー（出典：I社）

2-11 排水トラップが機能しているかを診る

建物設備には、さまざまなトラップが設置されている。排水器具に取り付けられているトラップばかりでなく、空調機などにもトラップは設置されている。ここでは、そのトラップについて解説する。

(1) トラップの機能と種類

トラップは、下水からの臭気や害虫などが室内に侵入することを防止する目的で、各衛生器具の排水口に設置されている（図2・33）。

水がたまっている部分を封水とよび、その封水深は建築基準法により50mm以上100mm以下と定められている。一方、下水に異物が流れ込まないためのトラップ機構は**粗集器**といい、厨房施設のグリーストラップ、歯医者など石こうを使う施設のプラスタートラップ、ガソリンスタンドなどがある（図2・34）。

トラップの設置器具や構造などからさまざまな種類がある（図2・35）。住宅に利用されるトラップは、管トラップ（洗面所）、わんトラップ（台所）、逆わんトラップ（浴室）、作り付けトラップ（便器）などである。

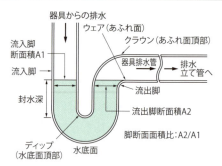

注．封水深は、ディップからウェアまでの垂直距離をいう。
図2・33 トラップの一般的構造

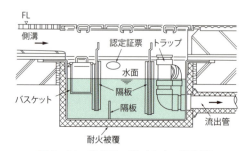

図2・34 粗集器の例（オイル粗集器）
（図2・33～2・36出典：「建築設備（第三版）」大塚雅之著　市ヶ谷出版社）

(2) トラップ機能の喪失（破封）の原因

トラップの中の封水が、何らかの原因でなくなり、室内と下水とが連通してしまう現象を**破封**という（図2・36）。

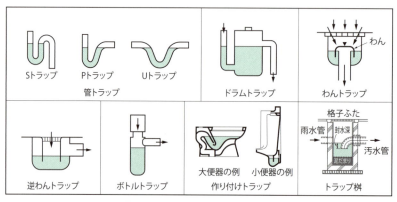

図2・35 トラップの種類と特徴

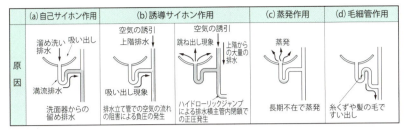

図2・36 トラップ破封の現象

(a) 自己サイホン作用

排水が配管を満流で流れる場合のサイホン作用で，封水がすべて吸い出される現象をいう。

例えば，洗面器を溜め洗いで使用し，一気に排水するとボコボコ音を伴いトラップが破封する現象がこれにあたる。管トラップにおいて起きる作用で，防止策としては，器具排水管以降を拡径したり，吸気弁などを設置する。

(b) 誘導サイホン作用

排水共用立て管に多量の排水が流れ込むと配管内に大きな圧力変動が生じ，これに接続されているトラップに破封が起こることをいう。

高層マンションなどで起こりやすく，排水された直下階付近では負圧が発生し，封水の吸い出し現象が，最下階付近では，正圧による跳ね出し現象が起こる。防止策としては，排水負荷に見合った排水管の管径選定，通気性能の確保，封水強度のあるトラップの使用などがある。

(c) 蒸発作用

床設置の掃除用排水口，別荘・マンションの空室などに設置された使用頻度の少ないトラップは，蒸発により封水損失が生じる。防止策としては，使用しない場合には排水口に蓋をするか，シールなどで養生する。

(d) 毛細管作用

トラップのあふれ面に糸くずや髪の毛が引っ掛かると，毛細管作用で徐々に封水が減少していく現象をいう。防止策としては，トラップ内の洗浄にこころがけ，内面を平滑にしておくことが必要である。

(3) その他のトラップ

空調機などに使用されるトラップは，空調機やファンコイルユニットの機内にドレン排水管内の汚れた空気が逆流しないような機能をもったトラップが設けられている。空調機からの排水（ドレン）は，季節により量が異なり，水封式トラップは利用できず，フロートボール式トラップ等が使われる。

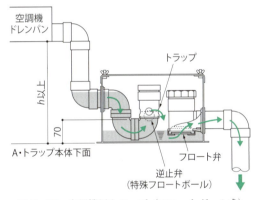

図2・37 空調機用トラップ（フロートボール式）
(出典：K社)

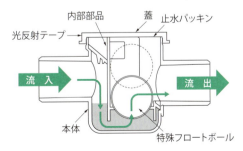

図2・38 ファンコイル用トラップ
（フロートボール式）(出典：K社)

2-12 給湯システムの熱源と配管方式を確認する

(1) ガス給湯システムは浴槽の熱源から始まる

浴槽の熱源は，当初はガスだき内釜（図2・39(a)）が主力であったが，1960年代の後半には，浴室内の空気を汚染しないBF風呂釜が登場した。BF釜は次第に多機能化し，給湯やシャワー機能が付加（図(b)）されるようになった。

BF釜の構造は図(c)に示すように，外壁に開けた開口から外気を取り入れ，燃焼した排気をそのまま外に排出する方式で，安全性の極めて高い熱源システムであった。燃焼空気が自然循環で排気される方式がBF式，強制ファンで排気させるものはFF式とよばれる。

(2) セントラルガス給湯器の進化と号数

風呂給湯は風呂釜から瞬間式ガス湯沸器に移行した。

ガス湯沸器は，次第にセントラル化，大容量化し，また多機能化され，現在では排ガスの熱も回収した高効率な排熱回収型給湯器暖房機にまで進化した。

給湯器の能力は「号数」で呼ばれる。給湯能力（号数）と同時使用の目安は表2・7のとおりである。

(a) ガスだき内釜　　(b) BF風呂釜

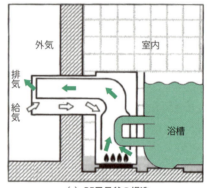

(c) BF風呂釜の構造

図2・39　風呂釜の変遷とBF釜

表2・7　給湯器の能力

型式号数	熱出力(kW)	2箇所給湯	シャワー使用	浴槽湯張り	同時使用の目安
8号	14.0	D	D	C	同時使用には容量不足（単身者住宅向き）
10号	17.4	C	C	C	夏期には同時使用が可能（単身者住宅向き）
13号	22.7	B	A	B	春夏秋3期には同時使用が可能，冬期不適
16号	27.9	B	A	A	通年同時使用が可能，ただし，冬期やや不足
20号	34.9	A	A	A	20号を標準給湯用量とする。通年同時使用が可能
24号	41.9	A	A	A	通年同時使用が可能，浴槽の短時間給湯可能
32号	55.8	A	A	A	2バス・2世帯住宅など同時使用頻度が高い規模の住宅に適する

A：十分　　B：やや不足　　C：不足　　D：不適　　　　（出典：給湯システムのBL標準）

(3) 電気給湯システムは電気温水器から始まる

電気温水器は，電気の安定供給を目的に1964年に深夜電力料金制度に応じた給湯器として本格化した。浴室や洗面所までのセントラル給湯方式が求められるようになり，タンク容量は370L，460Lへと大型化してきた。

1984年にはさらなる電力負荷平準化のため，通電時間をコントロールして電気料金の割引もある通電制御型料金制度や，通電時間を深々夜へ移行する第2深夜電力料金制度が発足し，光熱費のメリットがさらに向上した。

(4) 省エネ型給湯器（エコジョーズ，エコキュート）の普及

ガス方式の給湯システムは，瞬間式給湯器の排熱回収技術の成功によって熱効率95％の潜熱回収型給湯器，通称エコジョーズに進化する。

電気方式の給湯システムは，ヒートポンプ技術の発明により，2001年，自然冷媒（CO_2）を用いたヒートポンプ給湯器，通称エコキュートの実用化により，深夜電力利用の電気温水器からエコキュートへ移行してきた。

エコキュートは空気用熱交換器で吸収したエネルギーと，圧縮機で加えられたエネルギーの双方が，熱として水に伝えられるので効率が高くなる。ヒートポンプの効率は**エネルギー消費効率**COPという指標で表される。COPとは，消費電力1kW当たりの給湯能力（kW）を表したもので，エコキュートは約3となる。

(5) 給湯のさや管ヘッダ方式の普及

給水・給湯配管は，昭和60年代中ごろまでは水道メータや給湯器の上流側から，下流側へ向けて，太い配管から分岐点を過ぎるごとに配管を細くしていく**先分岐方式**が多く用いられてきた。

昭和60年代前半ころより，架橋ポリエチレン管やポリブテン管等の樹脂製で可とう性のある小口径管が使われはじめ，施工性や更新性に優れ，湯待ち時間が短く，同時使用時の湯量の変動が少ない**さや管ヘッダ方式**が普及しはじめた。さや管ヘッダ方式は，新築工事ばかりでなく，リフォームの場合においても採用されることが多くなっている。

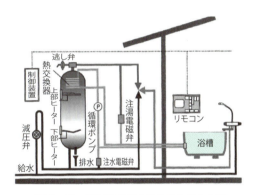

図2・40　電気温水器の給湯のシステム例

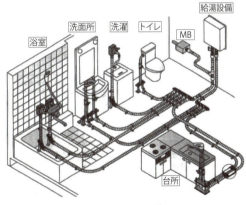

図2・41　さや管ヘッダ方式のイメージ
（出典：オンダ製作所カタログ）

2-13 ガス給湯器の安全性を診る

(1) ガス給湯器の排気方式を確認する

屋内にガス機器を設置する場合には，排ガスの排気方法に注意する。

(a) 開放方式

開放方式とは，燃焼用の空気を屋内から取り入れ，燃焼排ガスをそのまま屋内に排出する方式である。

ガス調理器（ガスコンロ，ガスグリル，ガス炊飯器，ガスレンジおよびガスオーブン），ガス湯沸器（12 kW 以下），ガスストーブ（7 kW 以下）などが該当する。

これらの開放式ガス機器の使用にあたっては，換気等の適切な設置を行い，不完全燃焼が起きないように十分注意する必要がある。

給湯等では，初期の集合住宅で小型の湯沸器をガス台の上部に造設し，窓開けで換気する方式や，壁に設けたプロペラ換気扇により排気する方式がとられた。

給気はすき間風に依存したり，窓の開閉で行い，現在では安全性に問題があるので行われていない。

(b) 半密閉燃焼方式

燃焼には室内の空気を使い，排気は自然排気筒で屋外に排出する方式をいい，CF（Conventional Flue）方式と強制排気を行う FE（Forced Exhaust Flue）方式（図2・42）がある。

ガス風呂釜，ガス瞬間湯沸器（12 kW 超），ガス貯湯湯沸器（7 kW 超），ガスストーブ（7 kW 超）などがある。

半密閉式の場合は，燃焼排ガスを排気筒で屋外に排出するので開放式より安全といえるが，室内の空気を使用することから壁に給気口を設けなくてはならない。停電時にはファンが使用できないことや，排気筒の外れなどにより，不

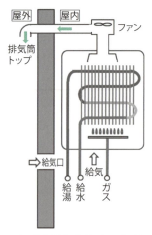

図2・42 強制排気方式（FE方式）の例

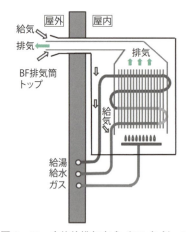

図2・43 自然給排気方式（BF方式）の例

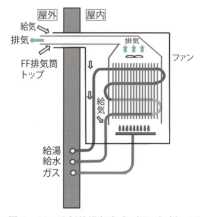

図2・44 強制給排気方式（FF方式）の例

完全燃焼を起こすおそれがあるので注意を要する。

(c) 密閉燃焼方式

給排気筒を外気に接する壁を貫通して屋外に出し，屋外から直接燃焼用空気を取り入れ，燃焼した排ガスを直接屋外に排出するため，安全性は極めて高い。

自然通気力によって給排気を行うBF（Balanced Flue）方式（図2・43）と，給排気ファンにより強制的に給排気を行うFF（Forced Draught Flue）方式（図2・44）がある。FF方式は，BF方式に比べ壁開口面積が約1/5でよいため，寒冷地に適している。

(2) ガス機器の安全対策の現状

(a) マイコンメータの使用

マイコンメータ（自動ガス遮断装置）（図2・45）とは，震度5以上の地震時の揺れや，ガスの流量や圧力などが異常の場合またはガス漏洩を検知して，自動的にガスを遮断する装置で，現在ほとんどの住宅のガスメータに内蔵されている。

マイコンメータで一旦遮断したガスを，居住者がインターネットで公開されているマニュアルに沿って復帰することもできる。

(b) ガス漏れ警報器の設置

一般家庭で用いられているものには，半導体にガスが吸着することにより電気伝導度が増加する現象を利用したものと，触媒により可燃性ガスが接触燃焼し，温度上昇により電気抵抗が変化することを利用したものとがある。

警報器の設置位置は図2・46のように空気より軽い都市ガスは天井面に近く，重いLPガスは床面に近く設置する。

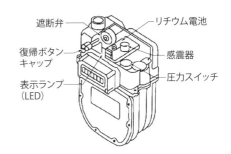

図2・45 マイコンメータ（自動ガス遮断装置）

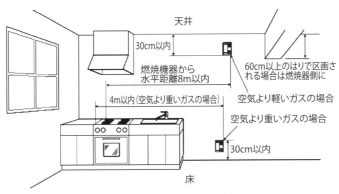

図2・46 ガス警報器の設置位置

2-14 新しい省エネ型給湯器を診る

(1) ガスによる省エネ型給湯器に替える

ガス利用の省エネ型給湯システムには，潜熱回収型給湯器エコジョーズ，燃料電池利用のエネファーム，ガスエンジン利用のエコウィルなどがある。エネファームやエコウィルは電気と熱を同時に発生できるシステムである。

(a) エコジョーズに変更する

潜熱回収型給湯器（エコジョーズ）は，従来は捨てていた排ガスの熱を有効利用することにより高効率化を実現した給湯器のことである。

従来の給湯器の排ガス温度は約200℃前後で機外に排出されていた。潜熱回収型給湯器は，従来の熱交換器の上部に，もう一つの熱交換器（潜熱回収器）を組み込み，200℃程度の排ガスから顕熱だけではなく潜熱までも有効に回収し，熱効率90〜95%を可能にしたものである。

排ガス温度は100℃以下（50〜80℃）となり，給湯器の設置基準等も緩和されている。

しかし，酸性のドレン水（凝縮水）が発生するため中和器で中性化して排出しなければならない。

（**参考**：日本ガス検査協会：ガス機器の設置基準及び実務指針　第7版）

(b) エネファームに変更する

エネファームは，コラム3に示す装置で構成されている。燃料電池の燃料電池スタックで，都市ガスから取り出した水素と空気中の酸素を化学反応させて発電する。発生した電気はインバーターで家庭用の交流に変換してから，分電盤で電力会社の電気と一緒に各部屋へ給電する。

発電時に生まれた熱は熱回収装置で回収され，その回収された熱を利用して貯湯タンクに貯湯され，風呂やキッチンに供給される。ま

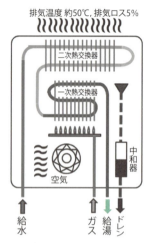

図2・47　エコジョーズの仕組み

た，バックアップ熱源機は貯湯タンク内の湯の温度が低いときに稼働するほか，床暖房やミストサウナに温水を供給する。

(c) エコウィルに変更する

エコウィルは都市ガスで発電し，そのときに出る熱で湯をつくり，給湯や暖房ができる家庭用コージェネレーションシステムである。1 kWの発電をするとき，同時に2.5 kWの熱ができ，それを有効に利用することで省エネを実現する。（**参考**：(b)，(c)は東京ガスHPより）

(2) 電気による省エネ型給湯器に替える

電気による給湯システムは当初は深夜電力利用の電気温水器が主流であったが，その後，ヒートポンプ給湯器の開発によって，大気からの熱を有効に利用することができる省エネ型給湯器が生まれた。

さらに，CO_2自然冷媒の利用によるエコキュートの登場で，高温の湯を一気につくることが可能となり大きな普及につながった。

(a) ヒートポンプ給湯器の冷媒

ヒートポンプ給湯器は，使用冷媒により2種類に分けられる。フロン系冷媒を利用した機器を一般にヒートポンプ給湯器という。従来のフロン系冷媒を使用したヒートポンプは，沸き上げ温度が60〜70℃までと低く効率は良くなかった。しかし，自然冷媒CO_2の採用により90℃の沸き上げが可能となり効率が大幅に向上した。

(b) エコキュートの原理

ヒートポンプ給湯器は，一般にルームエアコンとして普及しているヒートポンプの原理を給湯に利用したものである。ヒートポンプが湯を沸かす原理は次の①〜④で，このサイクルが繰り返し行われる。

① 冷媒が空気中の熱をくみ取り，その熱を圧縮機に送る。
② 圧縮機で圧縮すると約130℃の高温の冷媒になる。
③ 熱交換器で，高温冷媒と熱交換して90℃の湯を沸かす。
④ 冷媒を再び膨張させて，空気の熱を吸収しやすくする。

主に電気エネルギーを使うのは圧縮機で，圧縮運転に必要なエネルギーを1とすると，その2倍以上のエネルギーを空気用熱交換器で大気から吸熱できる。いわゆるCOPが3以上となる。

(c) 貯湯量の目安

電気式給湯器の大きな特徴は，電気温水器もヒートポンプ給湯器も，貯湯タンクを必要とすることである。

貯湯タンクの種類は一般的に240 L，300 L，370 L，460 L，560 Lがある（メーカにより異なる）。タンク容量は使用人数，1日当たりの湯の使用量などによって選定することになる。目安としては，240 Lは2〜3人，300〜370 Lは3〜5人，460 Lは5〜6人家族用である。

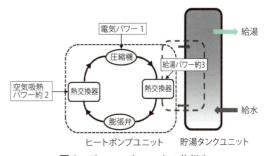

図2・48 エコキュートの仕組み

コラム3　エネファームの仕組み

① ［燃料処理装置］　都市ガスと水蒸気を反応させ水素を発生
② ［燃料電池スタック］　水素は燃料電池スタックへ供給，空気中の酸素を取り込み電気と水を発生
③ ［インバーター］　電気は交流電気に変換され分電盤へ送電
④ ［熱回収装置］　熱処理装置や燃料電池スタックから発生する熱を回収
⑤ ［貯湯タンク］　回収した熱で湯をつくり給湯として利用。バックアップ熱源機で，追いだきや床暖房，ミストサウナの温水に加温

（出典：東京ガスHPより）

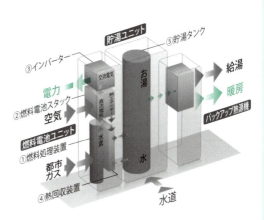

第 2 章　配管設備の保全を見つめ直す

2-15 配管系統から設備の概要を診る（オフィス）

(1) オフィスビルの衛生配管システム

床面積 5,000 m²，10 階建以下のオフィスビルを想定して展開する。

(a) 給水

地下あるいは地上階に設置された受水槽に水道水を受け入れ，揚水管を使い一旦屋上の高置水槽に揚水ポンプで水を送り，給水管を通して重力で各階給水栓に供給する**高置水槽方式**，あるいは受水槽から直接各階給水栓までポンプで直送する**ポンプ直送方式**が一般的である。

最近のオフィスビルでは，受水槽から各階の共用便所等へ，高置水槽を経由しないで直接給水するポンプ直送方式が採用されることが多い。

(b) 排水

共用便所や湯沸室からの汚水や雑排水が対象である。これらの排水は水回りから下階天井裏の排水横枝管を経由して，各階のパイプシャフト内の排水立て管に集約される。立て管に集約された排水は，地上階スラブ下などの排水横主管を経由して屋外に排出され道路の排水桝に放流される。

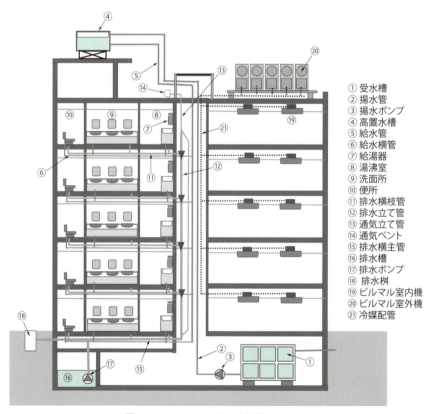

① 受水槽
② 揚水管
③ 揚水ポンプ
④ 高置水槽
⑤ 給水管
⑥ 給水横管
⑦ 給湯器
⑧ 湯沸室
⑨ 洗面所
⑩ 便所
⑪ 排水横枝管
⑫ 排水立て管
⑬ 通気立て管
⑭ 通気ベント
⑮ 排水横主管
⑯ 排水槽
⑰ 排水ポンプ
⑱ 排水桝
⑲ ビルマル室内機
⑳ ビルマル室外機
㉑ 冷媒配管

図 2・49 オフィスビルの設備システム

地下階などの排水は，地下階などに設けられた排水槽に溜められ，ポンプアップされ，地上階の排水桝に放流される。なお，公共下水が完備されていない地域では放流する前に合併処理槽を設けなくてはならない。

この他，排水立て管には脚部から屋上まで，排水通気管が併設されている。

最近の排水方式では，中高層オフィスにおいても，マンションで採用されている特殊継手排水方式（2-21参照）が採用されるケースもある。また，節水を図るため，雨水などを再利用するビルもある。さらに，多くのビルで大便器や小便器の洗浄水の節約のために，節水型大小便器（2-10参照）の採用が一般的になってきている。

(2) オフィスビルの空調配管システム

空調設備は，30年ほど前はセントラル方式が一般的で，地下の機械室に設置されたボイラからの温水管や冷凍機からの冷水管で，各階に設置された空調機（AHUなど）やファンコイルユニット（FCU）などへ冷温水を供給し，熱交換して温風や冷風をオフィス空間に吹き出す方式が一般的であった。また，冷凍機からは屋上に設置された冷却塔まで冷却水配管が設置されている。この他に，空調設備では空調機からの冷温風ダクト・換気ダクトが設置され，またボイラからは煙道が設けられている。

最近の空調システムでは，テナントがオンオフや温度制御などができないことから，セントラル方式からヒートポンプ式の個別**マルチエアコン**への採用が増えている。この方式の場合，各部屋に設置された室内機（天井カセットなど）と屋上に設置された室外機が，冷媒配管で接続されている。室外機1台で，室内機複数台を運転する方式など技術開発が進んでいる。この場合，室内機から排出される凝縮水の処理のために，ドレン配管が別に設置されていることに注意が必要である。

近年，空調システムの省エネルギー化が進化し，省エネ型機器の採用が常識化している。

2-16 配管系統から設備の概要を診る（マンション・戸建住宅）

(1) マンションの設備配管システム

ここでは一般的中高層マンションを想定して概要を述べる。

マンションがオフィスビルと大きく異なる点は、例えば、分譲マンションでは共用部分と専有部分とが、空間的にも財産的にも管理的にも分離されており、それに伴って配管設備システムも分離されていることである。

共用部分に属する設備については居住者の共同の財産となり、管理組合の下で維持管理されることになる。

(a) 給水

図2・50では、ポンプ直送方式による給水管が示されている。各戸に供給された給水は、メータボックス内の量水器（水道メータ）を分界点として住戸内の給水栓などに接続される。また、給湯については、量水器以降で分岐され給湯器に接続されることになる。給湯器から給湯栓までヘッダ方式で給湯管が設置されることが多い。給湯方式には、ガス給湯器による方式のほか、ヒートポンプ給湯器なども採用されている。

(b) 排水

各住戸の便所からの汚水と、浴室・厨房・洗面所・洗濯機などからの雑排水とが排水立て管の継手部で合流し、排水立て管を経由して下階に排水される。排水立て管の頂部には、大気へ開放するための伸頂通気管があり、屋上へ貫通している。このような**伸頂通気方式**が一般的に採用されている。

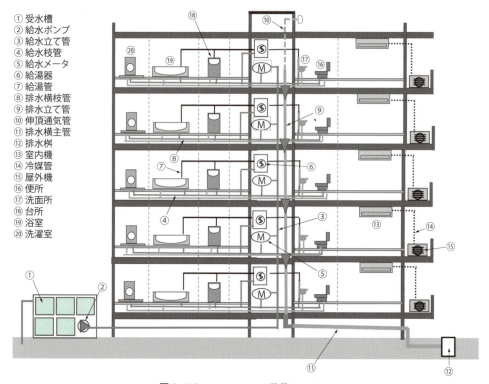

図2・50 マンションの設備システム

① 受水槽
② 給水ポンプ
③ 給水立て管
④ 給水枝管
⑤ 給水メータ
⑥ 給湯器
⑦ 給湯管
⑧ 排水横枝管
⑨ 排水立て管
⑩ 伸頂通気管
⑪ 排水横主管
⑫ 排水桝
⑬ 室内機
⑭ 冷媒管
⑮ 屋外機
⑯ 便所
⑰ 洗面所
⑱ 台所
⑲ 浴室
⑳ 洗濯室

排水は，最下階ピット内の排水横主管を通り屋外に導水され，屋外の排水桝から下水道に直接放流される場合と合併処理槽で処理されて放流される場合とがある。

(c) マンションにおける空調設備

一般に個別方式で行われる。ベランダ等に設置された屋外機と室内に設置された室内機とを冷媒配管で接続する空調方式である。屋外機1台に数台の室内機を接続するマルチタイプエアコンも使用されている。最近の傾向としては給湯器に接続された床暖房設備が普及していることがあげられる。

(2) 戸建住宅の配管設備システム

戸建住宅では，敷地内に引き込まれた給水管が衛生器具まで直接引き込まれている。

各排水器具からの排水は，直接屋外の桝に排出され敷地内排水管で下水道へ接続される。給湯管は，敷地の外構部分に設置された給湯器から各水栓まで配管されている。

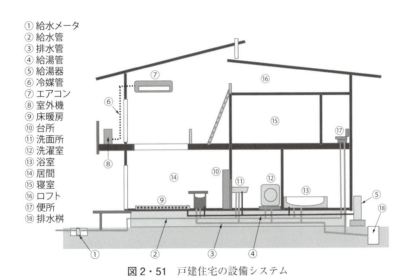

図2・51 戸建住宅の設備システム

コラム4　ディスポーザ配管

マンションでは，**ディスポーザ**を台所の流しに設置することが増えている。ディスポーザの排水は汚濁負荷が大きいため下水道に影響を与えることから，排水処理槽を設置する必要がある。そのため，台所系統の排水管は専用配管とし，他の排水管との合流は認められていない。

また，他の配管に比べ破砕厨芥が管内に付着することが多いため，適切な掃除が必要である。

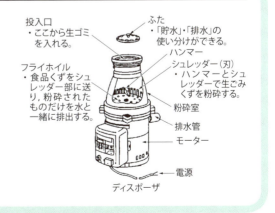

2-17 使用されている管材から配管の劣化部位を診る

(1) 給水配管に使用される管材

給水管には，昭和30年代から50年代初めころまでは，いわゆる亜鉛めっき鋼管が多用された。管内壁の亜鉛めっきが溶出すると，腐食が促進し赤水の原因となった管である。1997年，水配管用亜鉛めっき鋼管と名称変更となり，水道用としては使われなくなった。

赤水対策として，鋼管の中に塩ビ管が挿入された，水道用硬質塩化ビニルライニング鋼管が開発され普及したが，管端が継手部で流水に露出していたため，継手部に集中した赤錆が発生し，第2次赤水の原因となった。継手部の露出部を防ぐために，管端コア・管端防食継手の開発がなされ，赤水問題は峠を越すこととなった。その後，薄肉のステンレス配管が開発され普及した。

耐火性能を要求されない住戸内配管としては，硬質塩化ビニル管やヘッダさや管工法に利用される架橋ポリエチレン管・ポリブテン管が多く使われている。

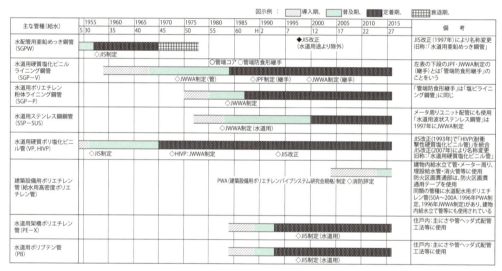

図2・52 給水配管材料の変遷（JES 松野徹朗 2016年2月更新）

(2) 給湯管に使用される管材

当初は給水管同様亜鉛めっき鋼管が利用されていたが，同じように赤水の問題が起きた。その対策のため耐熱性塩ビ管が内管に挿入された硬質塩化ビニルライニング鋼管が開発されたが，継手の腐食の問題が給水管と同様に発生した。

給湯には，もともと銅管が多用されてきた。住宅用としても小口径の被覆銅管が利用された。

住宅の給湯の普及に伴い，1990年後半から，ヘッダさや管工法が給湯にも利用できることから，この管材が多く使われている。

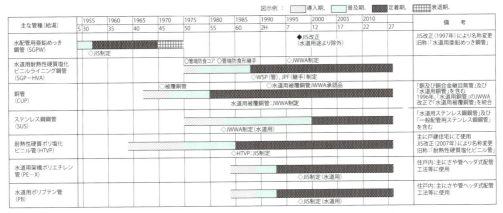

図 2・53 給湯配管材料の変遷（JES 松野徹朗 2016 年 2 月更新）

(3) 排水管に使用される管材

　亜鉛めっき鋼管は，雑排水用の排水管として台所排水などで利用されていたが，腐食の問題が多く発生し，排水用硬質塩化ビニルライニング鋼管や排水用ノンタールエポキシ塗装鋼管へかわっていった。汚水用の配管としては排水用鋳鉄管が使用され，配管の接続法も当初の鉛コーキング接合からゴムリング接合・メカニカル接合へと進化してきた。鋳鉄管は重いという難点はあるが，耐久性に優れ広く利用されている。

　一方，硬質塩化ビニル管にセメント系材料で耐火被覆した排水・通気用耐火二層管は，使い勝手がよいこともあり，多くのマンションで排水立て管材料として利用されている。また，住戸内では，もっぱら硬質ポリ塩化ビニル管が使用される。

　最近，防火区画貫通部の処理が可能な耐火性硬質ポリ塩化ビニル管が開発され販売されている。

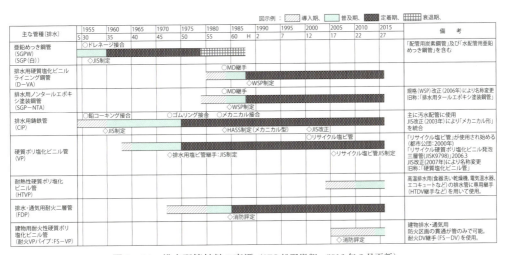

図 2・54 排水配管材料の変遷（JES 松野徹朗 2016 年 2 月更新）

2-18 配管図を読んで，配管と建築のかかわりを診る

(1) 設備設計図を読む

建築物の改修を行う際に，設備の状態を確認することが重要である。設備の専門家がいない段階で計画が進み，後になって設備の仕舞いに苦労することもある。専門外であってもある程度の設備の現状を知るには，設備図面を見て，配管の種類と位置を確認できることが大切である。主要な設備配管についての図示記号を表2・8に示す。

(2) 衛生設備配管の記号

衛生設備の配管，空調設備の配管を問わず，配管どうしの接続は特殊なものを除いて，継手形状によって共通の図示になっている。

(a) 給水管の表示

最も単純な1点鎖線で表し，井水系統は2点鎖線となっている。

(b) 給湯管の表示

循環系配管となることから，立て棒の1点鎖線が送り管，立て棒2点鎖線が返り管の表示になっている。

住宅のように瞬間式給湯器で配湯されている場合には返り管はない。

(c) 排水管の表示

実線で示され，鋳鉄管を使用する場合には，継手形状をイメージする受け口が模式化されている。排水管には掃除口が必ず表記されているので，清掃時には確認が必要である。

表2・8 配管の図記号

配管（共通）	管接続状態		接続していないとき
			接続しているとき
	管の継手		フランジ
			ユニオン
			T
			TY
			エルボ
			曲管
			可とう継手
			防振継手
			ボールジョイント
配管（衛生）	給水管		市水
			井水
			水栓
			ボールタップ
			シャワー
			散水栓
	給湯管		送り
			返り
	排水管		鋳鉄管
			通気管
			床上掃除口
			床下掃除口
			床排水トラップ
			排水金物
			トラップ

(e) ガス管

線分の間にGの字が記載されているからわかりやすい。

(3) 空調配管とダクト表示

事務所ビルなどの業務用建物では，昔からセントラル方式の空調システムが採用されている。最近では，ビルマルチ方式の空調システムも多くなり，冷媒管のため配管形態が異なっている。ここではセントラル方式の図面記号について主なものを整理してある。

配管の種類としては，暖房専用の温水管，冷房専用の冷水管，夏冬で切り替えて使用する冷温水管，冷凍機等と屋上の冷却塔を結ぶ冷却水管などがある。いずれも循環系を組んでいることから，送り管と返り管があり，返り管はR（レタン）の字が付加された破線となっている。

(4) ダクトの表示記号

中央のボイラや冷凍機からの冷水や温水は，各階に設置されたAHU（エアハンドリングユニット）まで接続され，コイルで熱交換された後，ダクトで各居室に送風され冷暖房が行われる。送気のダクト，還気のダクト，外気導入のダクト，排気用のダクトなどが設置される。

(5) 弁類や桝の表示

この他，配管の途中には流体の制御のための各種弁類が装備される。また，排水管には建物の外周に沿ってさまざまな桝が表示されている。

(続き)

	消火管	──•──	─)─•── 鋳鉄管
	ガス管	──G──	都市ガス
		──PG──	液化石油ガス
配管（空調）	温水管	──H──	送り
		---HR---	返り
	冷温水管	──CH──	送り
		--CHR--	返り
	冷却水管	──CD──	送り
		--CDR--	返り
	冷水管	──C──	送り
		---CR---	返り
ダクト	風道	──S──	空調送気
		──OR──	外気または換気送気
		──E──	排気
配管（弁類）	弁類	⊠ GV	仕切弁
		▷◁	逆止弁
	桝	▭	トラップ桝
		◯	インバート桝
		⊠	ため桝
		⊠	公共桝
配管（消火）	消火栓	▱	屋内消火栓箱付き
	スプリンクラ	─◯─	泡，連結散水含む

（出典：国土交通省中部地方整備局　2013年1月27日閲覧より）

2-19 専有配管と共用配管の区分を診る

(1) 専有部分と共用部分の区分

マンションでは，維持管理や修繕を行う場合に，管理組合が行う部分と組合員が行う部分を明確にするため，区分所有法によるほか管理規約に専有部分と共用部分の区分について定めてある。

基本的な考え方は，国土交通省のマンション**標準管理規約**に示されている。概ね，各住戸の内部が専有部分で各区分所有者が，それ以外の共用部分を管理組合が管理するものと考えられるが，細部をみると仕上げ材料のどこまでか，設備の配線や配管はどこまでかなど判断に迷う部分がある。また，設備配管など専有部分にあっても管理組合が維持管理するほうが適切なものもあるので注意が必要である。

(2) 電気配線の区分

借室変電室などから引き込まれた電灯幹線は，通常 PS（パイプシャフト）内を立ち上がり，各住戸の電力メータを経由して，住戸内の分電盤に接続される。一般にメータを境にして共用部分と専有部分が区分されている（図2・55）。

電力メータは，電力会社の貸与品である。
図2・55 電気配線の区分

(3) ガス配管の区分

ガス配管についても，一般的にガスメータを境にして共用と専有が区分されるが，ガス配管等の安全管理については，専有部分の配管や器具のガス漏れについてもガス会社が責任管理している。そのため，リフォーム等で専有部分のガス配管を移設する場合にも，計画と工事はガス会社に依託しなくてはならない（図2・56）。

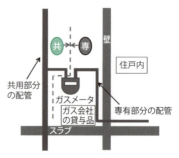

ガスメータは，ガス会社の貸与品である。
図2・56 ガス管の区分

（4） 給水配管の区分

給水配管については，水道メータを境としている。メータ周辺に，仕切弁・逆止弁や減圧弁などが設置されていて，それらの水道装置を組合の所有や管理とするかは明確になっていない（図2・57）。

（5） 排水管の区分

排水管は，電気・ガス・水道のように，弁類やメータがないため区分位置が曖昧である。通常は排水の立て管に接続する横枝管までが，専有部分の配管とされることが多いが，配管のスラブ貫通部の耐火区画貫通処理のために，開口部から1m以内の配管材料は不燃材で仕上げることが法律で定められている。そのため，改修等で区分所有者によって，まちまちな配管材料が使用されることを防ぐために，立て管から横枝管1mを共用部分配管としている管理組合もある（図2・58）。

また，古いマンションでは，とくに浴室などの配管が下階の天井裏に敷設されている場合もある。この配管が劣化し，漏水した場合の責任が問題視され，この部分については，最高裁判所判例に基づき，共用部分の配管として扱われている場合もあるので注意が必要である（図2・59）。

（6） 配管区分の例示

これまでに示した区分の例示は，マンション標準管理規約（国土交通省）の規定に基づいた**「マンション管理標準指針」**（国土交通省）のコメントに記載されている例示を参考にして作成したものである。あくまでも例示であり，各マンションの構造，仕様，用途等によって個別に確認することが必要である。

水道メータは，水道局の貸与品である。
図2・57　給水管の区分

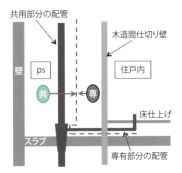

図2・58　排水管の区分
（スラブ上配管の場合）

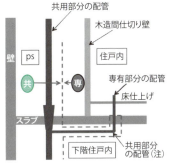

図2・59　排水管の区分
（スラブ下配管の場合）

（**注**）「本件配水管は，その構造及び設置場所に照らし，建物の区分所有等に関する法律第2条第4項にいう専有部分の共用部分に当たると解するのが相当」（最高裁判例H12.3.21）

2-20 設備配管からの漏水を診る

(1) 漏水の位置から雨水か設備漏水かを絞り込む

集合住宅を中心に取り上げる。漏水痕（漏水によるにじみ，はがれ等）が住戸内のどの位置に発生しているかを目視で確認し，雨水等の漏水か設備配管からの漏水かを表2・9のとおり判断する。

表2・9 漏水の位置・原因

漏水の位置	建築または設備	疑われる漏水の原因
バルコニー側の開口部天井付近	上階雨水	上階バルコニー出入口かまち部からの雨水浸入
最上階外壁上部の天井・壁付近	屋上雨水	屋上防水の不良箇所からの雨水浸入
台所天井付近	上階設備	上階台所給排水管，食器洗浄機等の漏水
水回り天井付近	上階設備	上階水回り給排水管，洗濯・浴槽からの漏水
エアコンスリーブ付近	当階雨水	冷媒管スリーブ部からの雨水吹き込み
	設備（ドレン）	エアコンドレン排水管からの漏水
北側居室腰壁付近	結露	ヒートブリッジによる結露
浴室隣室壁面・天井	結露	断熱不足，換気不良による浴室湯気等の結露
台所流し下部壁・床下	設備（給水・給湯管・水栓）	給水管外部結露・給水栓からの漏水
	設備（排水管）	排水管のジャバラ等，接続不良
	設備（排水管）	食器洗浄機の排水管不良，あふれ
浴室ユニット床スラブ付近	設備（給水・給湯管）	浴室系統給水・給湯配管からの漏水
	設備（排水器具）	浴室パン亀裂，トラップ部脱落，排水管の接続不良
洗濯機パン近傍	設備（排水器具）	洗濯パン排水不良によるあふれ，ホースのはずれ
	設備（排水器具）	洗濯機パンのトラップ脱落，閉塞
	設備（給水管）	壁給水栓の接続不良
洗面台近傍	設備（給水栓・配管）	給水栓，給湯栓パッキン不良，接続不良による漏水
	設備（排水器具）	洗面器配管接続部不良
便所近傍	結露	ロータンク背面の壁の結露
	設備（給水管）	給水管の接続不良，腐食による漏水
	設備（排水管）	床接続部不良による漏水
	設備（排水管）	排水管閉塞による便鉢からのあふれ
パイプシャフト内部	設備（配管類）	配管接続部，異種金属腐食による漏水

① 外壁近くの天井面に発生している場合は，上階からの雨水等による漏水が疑われる。上階の台所や水回り近傍から漏水している場合は，上階の設備配管からの漏水の可能性が高い。
② 窓面開口部の近辺の天井や壁から漏水している場合には，上階のベランダに溜まった雨水が回り込んで下階に漏水している可能性がある。
③ 雨天のときに限って漏水が見られる場合には，雨水による漏水の可能性が高い。
④ 北側の居室の腰壁や床近くのぬれは，断熱不良による結露のにじみの可能性がある。
⑤ 水回りの床点検口から確認した際にスラブ面のぬれや漏水痕が見られる場合は，浴室・洗面・洗濯に係わる給排水・給湯設備配管からの漏水の可能性が高い。
⑥ 台所流し床下の濡れや湿りなどは，流し台の給排水管，食器洗い乾燥機の漏水などが疑われる。
⑦ 設備配管からの漏水は，その設備を使用した場合に漏水が発生することが多くある。
⑧ 近年の床スラブのコンクリートの水密性は極めて高く，わずかな漏水が長期にわたって床下にプール状に溜まり，時間遅れで下階に漏水することがある。

(2) 漏水している配管の種類を特定する

次に漏水が給排水・給湯のうち，どの設備配管から漏水しているかを確認する。
① 漏水に残留塩素が検出された場合は，給水配管からの可能性がある。
② 臭い，色，混入物などが認められる場合は，台所・便所等の排水管等からの漏水の可能性がある。
③ 無臭無色の漏水は，給水配管・給湯配管・冷暖房機器等の冷温水配管・ドレン配管の可能性が高い。
④ 給水の元栓または端末水栓の開閉に伴い，漏水の程度が変化する場合は，その間の給水配管に原因がある可能性が高い。
⑤ すべての端末の給水栓を閉めた状態において，水道メータのパイロットが動いている場合は，給水配管に原因がある可能性が高い。

戸建住宅の場合は，メータ以降の地中埋設管からの漏水の場合もある。

(3) その他の漏水の原因
(a) 浴室ユニットからの漏水
① 洗い場トラップの緩み，外れ，脱落による漏水
② 浴室ユニット防水パンと壁パネル接続部のシールの劣化
③ 浴槽・洗い場のひび割れによる漏水
④ 排水樹脂横枝管の接着不良による漏水
⑤ 混合水栓，シャワー水栓などの水栓取付部のパッキン劣化や緩みによる漏水

(b) 便所の回りからの漏水
① タンクと便器を接続する洗浄管のパッキンの劣化による漏水
② タンク・便器・止水栓の表面がぬれている場合は，結露の可能性が高い
③ 便器と床の間から水が漏れている場合は，便器の排水管接続部の不良が原因

2-21 排水通気管が機能しているかを診る

(1) 排水通気の役割は何か

排水共用立て管の場合，排水の上流では空気が管内に供給され，下流では空気を逃がしたりする通気システムが計画されている。これにより端末器具のトラップが破封しないように，立て管内の圧力変動が一定範囲（±400 Pa）に保つように調整されている。

(2) 排水通気方式の種類

マンションで採用される排水通気方式の種類は，図 2・60 のとおりである。

① **伸頂通気方式**　排水立て管の頂部に伸頂通気管のみを設置した排水方式である。

戸建住宅や，排水立て管に設置される衛生器具の少ない中層建物で採用される。

② **通気立て管方式**　排水管と併設して設置された通気立て管に接続する排水システムである。

排水管と通気管があることから**二管式排水システム**ともいう。米国で開発され，わが国の中層・高層住宅，一般ビルで利用される。

③ **排水用特殊継手方式**　伸頂通気方式の一種で，排水立て管への流入部の抵抗を小さくし，排水管の流下速度を減速させ，排水管に生じる管内圧力を小さく抑える工夫をした排水用特殊継手を設けた方式である。通気管と排水管が1本になっていることから**単管式排水システム**ともいう。ヨーロッパで開発され，わが国で技術が更に改良され，現在の高層・超高層マンションの標準的な排水システムになっている。

(3) 排水用特殊継手の機能と構造

排水用特殊継手には，立て管内の流下速度を減速させるため，旋回流を起こす旋回羽根等が内蔵されている。また，旋回流を起こすことにより配管中央部に空気コアが形成され，管内の上下の通気を連通させる働きをもっている。さらに各階の横枝管からの合流部で上階からの排水と横引管の流れが衝突しないような工夫がされている。そのため，管内の圧力変動を抑えて排水許容量を大きくできる。

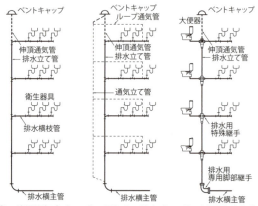

① 伸頂通気方式　② 通気立て管方式　③ 特殊継手方式

図 2・60　マンションにおける排水通気方式の種類

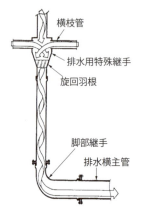

図 2・61　排水用特殊継手の仕組み

(4) 屋上ベントキャップ

伸頂通気管および通気立て管は，屋上などで外気に開放されていることが必要である。マンション等では屋上面に防水継手などを介して開放する。頂部のベントキャップは外すことが可能で，伸頂通気管内，排水立て管の清掃や，劣化診断の際に，通気管トップからテレビカメラ等を挿入する調査が可能である。

防水継手は，屋上のアスファルト防水を巻き上げ，ワイヤで縛りカバーを被せてベントキャップを設置する構造となっているため，屋上防水工事の際には，その都度，防水層の巻き直しあるいは継手ごとの更新が必要である。

防水工事は，約15～20年の周期で行われるのが一般的であるが，排水通気管の更新は30年以上の周期であるため，最近の大規模修繕では通気管専用のプレハブ型ハト小屋を新たに設置し，その後の防水工事を配管工事と独立して行えるように配慮した改善事例もある。

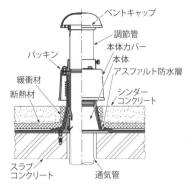

図2・62 通気管防水継手およびベントキャップ例
（出典：I社カタログより）

図2・63 通気管専用のハト小屋例
（提供：J社）

(5) 吸気弁の機能と構造

通気が屋外に開放できない場合，共用部屋内に通気管を開放できる吸気弁が使用される。

吸気弁は，排水が停止されている無負荷状態では弁部が閉じ，排水が行われ管内が負圧になると弁部が開き空気が吸い込まれる。また，管内が正圧になった場合は弁部が閉じ，管内部の臭気が外に漏れない構造になっている。

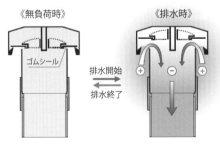 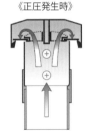

無負荷時は，通気弁弁部の自重で閉じており，排水管内の臭気を漏らさない。

通気管内に弁部（ゴムシール＋可動盤）の重量以上の負圧が生じたとき，弁部が持ち上がり，排水に必要な空気を吸込む。

通気管内に正圧が生じた場合，弁部が弁座に押しつけられ，外部に臭気を漏らさない。

図2・64 吸気弁の機能と特徴（出典：M社HP）

2-22 共用排水管からの騒音を診る

(1) 排水管からの騒音が苦情になる

住宅の気密性が高まり外部からの騒音が減少してきた半面，住戸内の設備が発生する騒音，とくに排水管騒音のような比較的小さな音でも苦情につながるケースが増えてきた。

(2) 共用排水管などからの騒音の種類を知る

排水音は伝わり方で大きく2種類に分けられる。すなわち，排水管や排水器具などの騒音源から直接あるいは壁を透過して伝わる**空気伝播音**と，配管などが接触する床や壁の貫通部から躯体を通して伝わる**固体伝播音**がある。

音源としては，設備機器から直接発生する音，例えば便所の洗浄音や浴室の蛇口やシャワーの音など（図2・65⑤）があるが，この種の音は自らが使用時に発生するもので騒音という認識は薄い。多くは共用で使用される排水立て管や2階の排水横枝管から発生する流水音などが問題になる。

(3) 排水立て管からの放射音を防ぐ

立て管に上階から排水が流されると，配管の側面から流水音（図2・65①）がパイプシャフト内に放射され，パイプシャフトの壁を透過して居室に伝播する音（図④）がある。とくに排水立て管が寝室の近傍に設置されている場合には苦情の原因となることが多い。

この放射音の音圧レベルは，管種によらず排水流量が増えると音圧レベルも増加する傾向にある。実験値では，排水流量が50〜200 L/minの範囲では，各周波数とも流量が2倍になると音圧レベルが2〜3 dB程度増加することが指摘されている[1]。高層住宅では，低層部ほど流量が多くなる傾向があるため，放射音が増加するおそれがある。

放射音を防ぐためには，排水立て管を遮音材で覆うことや遮音性のある配管材を使用するなどの対策が求められる。また，居室への音の透過を防ぐにはパイプシャフトと居室の間仕切壁の遮音性を高めることが必要である。

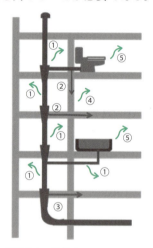

① 管壁からの放射音
② 排水管からの固体伝播音
③ 汚物落下時の排水管からの固体伝播音
④ パイプシャフト壁からの透過音
⑤ 衛生陶器，排水器具等からの直達音

図2・65 共用排水系統からの騒音の種類

---

1) 「集合住宅の排水立て管騒音に関する研究」嶋田泰，安岡博人，塚本幸助

(4) 排水立て管からの固体伝播音を防ぐ

中間階の床スラブ貫通部の処理は，水平耐火区画の貫通処理を行うことから，排水管継手とスラブとのすき間をモルタルで充填する方法（図2・66（a））が多い。この場合は，排水立て管の流水による振動が床スラブに伝播して騒音源となる。実験値[1]によれば，いずれの流量においても，周波数（1～4 kHz）が高くなるほど振動加速度が大きくなり，50～70 dBに達することが指摘されている。継手や配管をスラブに直接モルタルで固定する工法（図（a））は注意を要する。

そのため，ロックウール充填などでスラブとの直接触を断ち，耐火区画処理は耐火パテで対応，継手の固定は防振ゴム付き支持金物を使用する工法（図（b））や継手にアスファルト系制振材を巻きモルタル充填する工法（図（c））などがある。図（b）および図（c）の工法の採用に当たっては，区画貫通処理に関して，事前に所轄消防署と協議して確認しておくことが望まれる。

(5) 最下階の汚物落下時の騒音対策

最下階の排水立て管の脚部近傍では，汚物等が落下した際に，脚部継手に衝突して生じる騒音が発生する場合がある。その際には，脚部継手に大曲管と防振継手を使用したり，最下階の横主管を防振支持するなどの対策を考慮する。

(6) 建築および設備計画上の対策を見直す

① 上下階の水回りは同一位置とし，居室の直上・直下には水回りを配置しないように計画する。

② 居室の隣室に水回りやパイプシャフトを配置しない。

③ 排水立て管を設置するパイプシャフトは，壁の遮音等級および仕様を十分に考慮する。

④ 横引き配管はスラブ上配管を原則として，下階天井内配管は避ける。

⑤ 排水立て管の通気を適正に確保し，大便器等のサイホン発生によるトラップ破封音を防ぐ。

⑥ 配管に曲がり，合流個所が多くならないように留意する。

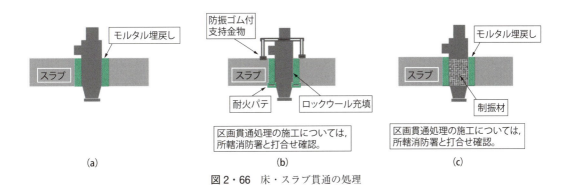

図2・66 床・スラブ貫通の処理

2-23 機器からのドレン排水の機能を診る

(1) エアコンのドレン処理

住宅での冷暖房はヒートポンプ式エアコンが一般的である。室内機と室外機をいわゆる冷媒管で接続することになる。

冷媒管には，液管（図2・67 (a)，(b)の細い銅管）と気化した冷媒を送るガス管（図(a)，(b)の太い銅管）および電気ケーブル，室内機内の凝縮水を排出するドレンホース（図(c)のジャバラ管）がセットで束ねられている。

ドレンホースは，冷房運転時に室内機のドレンパンに溜まった凝縮水を，自然勾配で屋外に排出する機能をもつ。

室外機から外壁のスリーブを通してベランダ等に自然勾配で放流されるが，図(d)，(e)のように，冷媒管等の設置の勾配が不適切だとドレンホース内に凝縮水が滞留し，室外機のパンがあふれたり，風の強いときにはホース内の滞留水により，ボコボコとした騒音が発生することがある。ホース内の清掃には図(f)のような道具が必要となる。

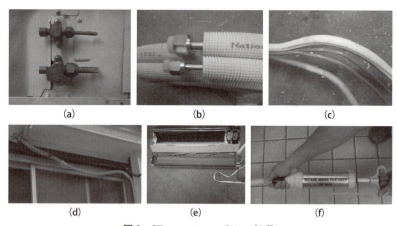

図2・67 エアコンのドレン処理

(2) 空調機（AHU・FCU）のドレン処理

エアハンドリングユニット（図2・68）などの空調機では，夏期にはコイルに発生した凝縮水が，冬期には加湿器からの蒸気などが底面のドレンパンに溜まる。

これらの凝縮水はドレン排水口から排水されるが，空調機内の空気の圧力変動により排水管内の汚れた空気が逆流し，空調機を介して建物内に運ばれることを防ぐために，図2・69のような空調トラップが使用される。

冬期は凝縮水がないために「水封トラップ」は適せず，ボールトラップなどの「機械式トラップ」が使用される。また，室内のファンコイルユニット（図2・70）においても，凝縮水の処理が必要である。

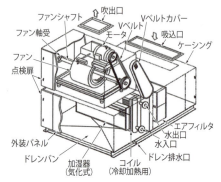

図2・68 エアハンドリングユニット

図2・69　空調用トラップの例（写真提供：J社）

とくに病院等では，凝縮水が発生しない冬期に，ドレン管内の汚れた空気が病室に逆流し，院内感染の原因となる可能性があることから，系統ごとに図2・71のようなボールトラップが開発されている。

(3) 給湯器エコジョーズのドレン処理

家庭のエネルギー消費のうち，約1/3が「給湯」によるものである。**潜熱回収型給湯器エコジョーズ**は，燃焼排ガスの熱をリサイクルすることで，従来の給湯器の効率が80％程度であったものを95％まで向上させている（2-14参照）。

その際に，酸性（pH 3程度）の凝縮水（ドレン排水）が発生する。これを中和器（炭酸カルシウムを充填）でpH 7程度に中性化して排出している。

ドレン排水は，バルコニー等で雨水管に流すことは下水道法上認められていなかったが，凝縮水量が少なく，水質も環境への影響が少ないことから，自治体の判断により雨水と同様の取り扱いができることになった。

エコジョーズをバルコニーに設置する場合は，図2・72のように雨水側溝に排水するか，図2・73のように身近な雑排水管に合流する。

自治体で雨水への排出を認めていない場合には，給湯器から浴槽への風呂配管途中に，三方弁を設置し，湯はりや追いだきを使用しないときに回路を自動的に切り替え，風呂配管を経由して浴室の排水口に排出する方式（図2・74）を選択する。排出後は配管洗浄を行い，通常の風呂回路に自動的に戻る仕組みである。

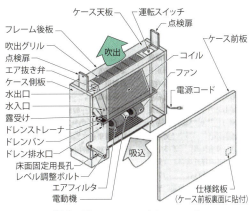

図2・70　ファンコイルユニット

図2・71　ファンコイルユニット用トラップの例
（写真提供：J社）

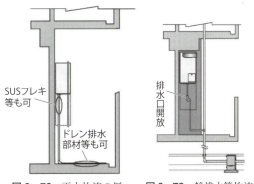

図2・72　雨水放流の例　　図2・73　雑排水管放流の例

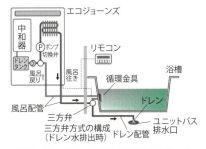

図2・74　三方弁利用で浴室に排水の例

2-24 排水管をどのように清掃するかを診る

(1) 排水管の汚れの傾向を把握する

清掃の対象になるのは、雑排水系では厨房配管、浴室配管、洗面・洗濯配管があり、汚水系では便所の配管がある。

なかでも、汚れが激しく清掃頻度が高いのは厨房配管である。厨房配管の汚れは居住者の食生活によって異なり、台所流しの利用頻度が高く、揚げ物を中心とした料理が多い家庭にグリス等の汚れが多い。

とくに、近年になってディスポーザが使用されるようになってからは、厨房の排水管の汚れは一層重視されるようになっている。

一方、浴室・洗面・洗濯の雑排水系統の配管は、髪の毛や糸くずなどによる汚れが付着するが、定期清掃を行えばそれほど問題にはならない。便所については排水の流量も多く、異物による詰まりを除けばとくに問題はない。

(2) 排水管清掃の周期を調べる

排水管の定期清掃は、一般の集合住宅では、厨房系統については1回/年、浴室・洗面・洗濯系統については、0.5〜1回/年程度行っている。便所については定期清掃を実施しているところは少なく、異物によって配管が詰まったときに不定期に行うところが多い。

ディスポーザを使用しているところでは、厨房から屋外に設置された処理槽まで、合流のない専用配管で排水されているため、粉砕された卵のからなどの汚れが激しく、年に1回以上の清掃が必要としている集合住宅も多い。

(3) 排水管の清掃方法を調べる

清掃の方法としては、高圧洗浄方式、ワイヤ方式が主体で、その他部分的な詰まりや個別の清掃では、圧搾空気による方法や化学薬品による方法が採用される。

(a) 高圧洗浄方式

高圧ホースの先端に後方噴射ノズルを取り付け、ノズルから噴射する水の圧力で排水管内に付着したグリス等をはく離し下流へ流す。

ノズルは下流から上流へ入れるが、高層住宅や超高層住宅の清掃の場合には、水の噴射力だけではノズルが配管内を上昇しないため、排水立て管の中間階の掃除口からノズルを下階に向けて挿入し、前方噴射ノズルを使用して引き上げながら清掃する方法がとられる。

ノズルには、後方噴射・前方噴射のほか、回転後方噴射・回転真横噴射がある。

(b) ワイヤによる方式

ピアノ線をコイル状に巻いたフレキシブルワイヤの先端にヘッドを取り付ける。厨房系排水管にはグリスカッターを付け、異物等を取り出すときはドロップヘッドを使用する。大便器の詰まり、曲がりが多い配管、固形化したグリス

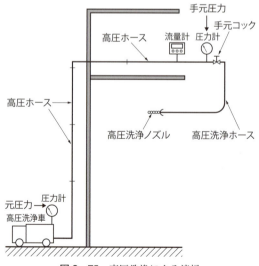

図2・75 高圧洗浄による清掃
(出典:排水管清掃方法ガイドライン(SHASE-G2007-2015))

図2・76 電動フレキシロッダ

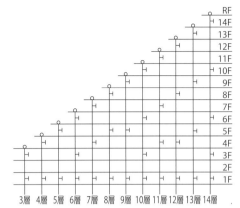

図2・77 排水立て管における掃除口の設置（品確法）

等の除去など用途は広い。また，高圧洗浄方式では清掃できない管壁に付着している場合などには，高圧洗浄方式と併用して用いる。

(4) 排水管用可とう継手の漏水を把握する

排水用可とう継手は，エポキシ樹脂塗装（50μm程度）のため，厨房系統のように腐食性の高い環境では腐食により錆を形成することがある。

定期的な配管清掃の際に，腐食した表面が洗浄ホースとの摩擦で錆が除去され素地が露出し，管壁が溝状に削られ貫通し漏水事故につながることがある。摩擦抵抗の少ない洗浄ホースを使用しなければならない。

(5) 掃除口の設置方法（品確法）を知る

集合住宅共用部の定期的排水管清掃は，建築の維持保全のためには欠かせない業務である。そのため，住宅の品質確保の促進等に関する法律（品確法）において，維持管理・更新への配慮として排水共用立て管および排水横主管部分における掃除口の設置を規定している。共用立て管にあっては，最上階または屋上，最下階および3階以内おきの中間階または15m以内ごとに掃除口を設けることとされている。

横主管にあっては15m以内ごとであって，管の曲がりが連続すること，管が合流すること等により管の清掃に支障が生じやすい部分に掃除口を設置することとされている。

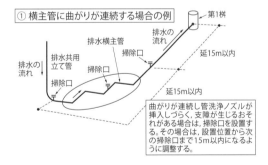
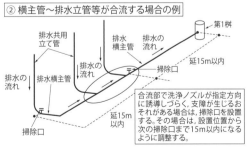

図2・78 排水横主管における掃除口の設置（品確法）

2・25
新排水方式を選ぶ（ポンプ圧送方式，サイホン排水方式）

(1) 自然勾配がとれない場所の排水を調べる

建築の改装や用途の変更などに伴い，厨房・浴室・便所などの水回りの移し替えが必要になることがある。その際に問題になるのは，勾配を必要とする排水配管の設置である。

従来からの地下室の排水は，一旦地下に設けられた排水槽（汚水槽や雑排水槽）に溜められて，一定量になるとポンプで排出される方式である。

最近，マンションなどの一般階でも水回りの移し替えや改修が日常化し，排水横枝管の勾配がとれず，床レベルを上げなくてはならなくなりバリアフリー化の障害となっている。そのため，勾配に煩わされずに排水できる排水システムが期待される。

ここでは，ポンプ圧送方式とサイホン排水方式について取り上げる。

(2) ポンプ圧送方式

この装置は，排水器具（台所の流し，洗面，便所など）の近傍に設置し，排水器具からの排水を小さなタンクで受け止め，内蔵された圧送ポンプと小口径（20～25 mm）配管で排水立て管まで勾配に関係なく（ときには天井配管で）送水するシステムで，ヨーロッパで開発され世界的に普及している。わが国にも紹介され普及段階にある。

圧送ポンプの種類としては，便器に接続され汚物を粉砕したあとポンプ圧送するユニット（図2・80(a)），台所の流しに接続し雑排水を送水するユニット（図(b)），地下室などに設置して，上階のいくつかの器具からの排水を合流して流すユニット（図(c)）がある。

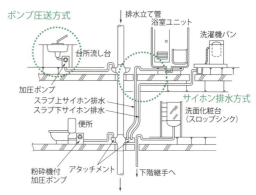

図2・79 新排水システムの概念

(a)

(b)

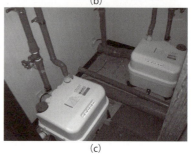
(c)

図2・80 ポンプ圧送ユニット（J社）

(3) 浴室・洗濯機への接続の例

圧送ポンプの設置については，排水器具からポンプユニットまでは自然勾配であるために，排水レベルに注意が必要である。

洗濯機や浴室で使用する場合は，排水器具との間に図2・81に示すような落差を必要とする場合がある。とくに，わが国の場合は浴室で身体を洗う習慣があることから，排水勾配がとれないこともあり，洗い場の防水パンからの排水をポンプユニットに適切な勾配で導水することが必要である。

(4) 住宅でのサイホン排水方式

サイホン排水システムは，UR都市再生機構により開発され，実用化への実証的供用段階にある水回り改修の要素技術として期待されている方式である。

このシステムは，排水を排水立て管に接続する手前で自由落下させ，後続の排水を吸引するサイホン作用を駆動力とする排水システムである（図2・79）。

従来の自然勾配による排水は，半満流方式といい，配管内の上部に空気層を維持しながら流れる方式であるが，サイホン式は満流方式で管内の流速をはやくすることによって，従来の排水システムと同等の排水流量を確保することができる。その結果，排水横枝管を小口径でかつ無勾配配管とすることができる。

普及への課題として，従来の水封式トラップでは封水の維持が難しく，専用のトラップの開発，吸気弁等の設置による方法や排水横枝管自体をトラップとする**管トラップ方式**などの部品開発がある。URでは，とくに，昭和40年代住戸の洗濯機排水を処理する方式としての採用が待たれている。

(5) サイホン雨水排水方式

サイホン雨水排水方式は，配管を縮小し雨水で満流にした状態で，流出水頭により自由落下させることで，後続雨水排水を吸引するサイホン作用を駆動力とする排水システムである（図2・82）。

小口径かつ無勾配で，従来の縦樋雨水排水システムと同等以上の流量を確保することができる。

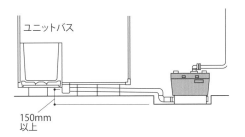

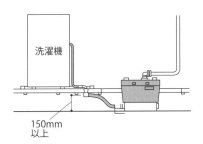

図2・81 浴室・洗濯機への接続（出典：J社）

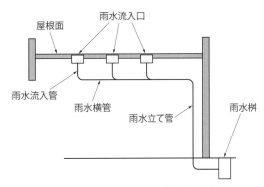

図2・82 サイホン雨水排水方式の仕組み

第3章　配管の老朽化現状を見つめ直す

2-26 配管の劣化兆候を診る（集合住宅）

設備配管の劣化は，隠蔽部で発生するために確認することは難しいが，外観目視や五感の範囲で簡単に診断できる方法を整理する。

(1) 給水配管の劣化兆候を診る

給水配管が露出しているところは，パイプシャフトが水栓回りである。パイプシャフトを開けて水道メータ接続部（図2・83に示す箇所）からの漏水がないかを診る。

家中の水栓をすべて閉じて，水道メータの針が動かなければ，住戸内の漏水はないと考えてよい。

給水栓回りでは，図2・84に示す箇所Ⓐ～Ⓔからの漏水の有無を観察する。原因は主として継手部の止水不良であることが多く，パッキン等の劣化，水栓の締め付け不良が主因である。

蛇口からの水の出方を観察することにより，赤水の有無や，水量・水圧の不足を知ることができる。

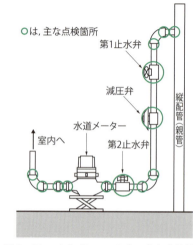

図2・83　パイプシャフト内の主な点検箇所
（出典：越谷・松伏水道企業団HP）

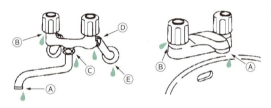

図2・84　給水栓の点検箇所

(2) 給湯配管の劣化兆候を診る

給湯配管は，給湯器から各給湯栓までつながっているが，目視で確認できる範囲は，給湯器の周辺の配管および給湯栓回りである（図2・85）。給湯器自体の異常は速やかにガス事業者に連絡対処する必要があるが，給湯栓からの漏水などは，給水と同様である。

給湯特有の問題として，給湯温度の変動や湯待ち時間（給湯栓を開いてから，適温の温水が出るまでの時間）の不具合がある。

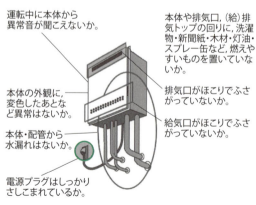

図2・85　給湯器回りの点検箇所
（出典：ノーリツHP）

(3) 排水配管の劣化兆候を診る

排水配管には，台所や洗面・洗濯・浴室などの雑排水管と便所の汚水管がある。排水管内の詰まりや異常は排水の流れる状態の観察でわかる。とくに油が含まれる台所系統は詰まりやすい。洗面・洗濯・浴室の排水については，バスユニット近傍の床面点検口から，床下をのぞき，スラブ面の漏水の痕跡を確認する（図2・86）。洗濯・浴室の排水口トラップの周辺，排水管接合部からの少量の漏水に注目する。少量の漏水がいつの間にか溜まり，スラブ面一体がプール状になることもあり，下階への被害が発生することもある。

汚水管の不具合は，大便器などから水があふれるため，早急な対応が迫られる。

排水管の異常については，発生したら速やかに清掃することで対応する。清掃後，内視鏡などで管内状況を把握することが大切である。

共用部分の排水管の劣化兆候の確認は，パイプシャフト内の排水立て管回りの継手部・接合部の腐食や漏水，被覆材の損傷，脱落，ぬれなどから判断する。

図2・86 漏水の痕跡事例

コラム5　劣化兆候が観察された後の対処の仕方

給水配管の場合　各部屋の給水栓の漏水については，専有部分の範囲であるから，各自が水道設備事業者に連絡して修理する。パイプシャフト内の配管の劣化状況，漏水の懸念がある場合については，管理組合および管理会社に連絡して対処する。

給湯配管の場合　給湯器自体に劣化状況がみられる場合は，専有部分の設備であることから，給湯器メーカのサービス部門に連絡して対応する。ガス漏れ等のおそれがある場合には，各自が早急にガス事業者に連絡して対処する。給湯配管に漏水等がある場合には，設備工事・給湯器工事業者に連絡して，診断・修繕を依頼する。

排水配管の場合　床下に漏水が確認される場合には，設備工事業者に連絡して早急に修繕する。下階への漏水が懸念される場合には，管理会社を通して管理組合に情報提供する。パイプシャフト内配管については，管理会社に連絡のうえ修繕を依頼する。

2-27
配管劣化の診断方法を検討する

配管の劣化状況を調査・診断する実務は，図2・87のような手順による。

(1) 調査・診断の実施内容

事前調査項目は以下のとおりである。
① 設計・施工図書の調査
② 建物履歴調査
③ 保全担当者への問診
④ 外観調査（視診・聴診・触診）
⑤ 水質調査
⑥ 付属計器類設置調査
⑦ 運転記録推移調査

非破壊検査としては
① 配管内部調査（内視鏡，X線）
② 配管肉厚調査（超音波肉厚計，X線）

破壊検査としては，腐食が進行している箇所の配管のサンプルを抜管し，肉厚を計測する。

(2) 調査・診断結果評価基準（例示）

診断の結果，対象配管の劣化状況について，概ね3段階程度に評価する（図2・88）。

段階を多く細分化することは，調査員による評価の差異が生じ，調査結果に曖昧さを残すことになるので注意を要する。

(3) 調査箇所数（サンプル数）の選定

配管全数について診断することは不可能である。

最も腐食が進んでいると思われる箇所からサンプリングして診断を行う。概ね1系統以上，5%程度を目途とする。例えば，排水立て管系統が30系統ある場合は，30×5% = 1.5系統，よって2系統を調査対象とする。

---

1) JAFIA：一般社団法人　日本建築設備診断機構

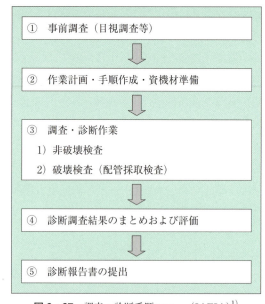

図2・87　調査・診断手順フロー（JAFIA）[1]

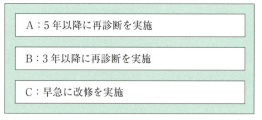

図2・88　調査・診断結果の評価基準（JAFIA）[1]

(4) 設備種類別劣化診断の内容

設備種類別の診断対象配管と目的とする診断内容の概要は，表2・10のとおりである。

(5) 診断の実施可能空間の確認

建物内で診断できる空間は限られている。現場を事前に調査して，調査時間，規模，隠蔽配管診断の可否を確認しておくことが重要である。診断できる空間と対象部位は，例えば，主管部はパイプシャフトで，分岐部・枝管部はパイプシャフトから取り出した部分，弁類・トラップ類などの接続部・配管局部は各階枝管分岐部を中心に曲がり部，分岐・合流部，機器・装置類や計測器などの接続部などである。

建物の竣工時期を確認し，当時の施工方法における劣化傾向を念頭に調査箇所（例えば，ねじ接合部の管端処理など）を事前に確認しておくと効率的である。

(6) 調査・診断作業計画を立案する際に確認すべき事項

調査・診断作業計画を立案する際には，次の事項について確認する。

① 調査作業日時と所要作業スペース（建物使用者の了解）
② 調査個所と配管採取部位（配管抜管業者の手配等）
③ 調査時における設備使用停止箇所とその時間（便所等の使用制限）
④ 作業完了時の復旧，設備動作の確認（配管復旧業者の手配等）
⑤ 特別な養生を必要とする箇所の特定（コンピュータ室等）

表2・10 設備種類別劣化診断内容（参考：JAFIA）[1]

設 備 名 称	設 備 部 位	劣 化 診 断 内 容
空調設備（主としてオフィス・業務施設等）	冷温水配管 冷却水配管 蒸気配管 蒸気ドレン管 上記各項の接続器具・弁類	性能低下および機能低下 異常発熱・異常騒音 材料腐食・保温材，防露材落下 塗装剥離　等
給水設備（集合住宅・オフィス・業務施設等共通）	揚水管・給水管等 および接続器具・弁類	性能低下および機能低下 圧力・水量異常・漏水 材料腐食（錆こぶ・赤水） 保温・防露被覆はく離（外面腐食）　等
給湯設備（集合住宅・オフィス・業務施設等共通）	給湯配管および接続器具・弁類	性能低下および機能低下 圧力・水量異常・漏水 銅管腐食（潰食・ピッチング・青水） 保温・防露被覆材剥離，落下　等
排水設備（集合住宅・オフィス・業務施設等共通）	汚水管・雑排水管および継手類，通気管の一部	性能低下および機能低下 材料腐食（錆こぶ・赤錆） 防露材被覆剥離，落下 漏水・詰まり・閉塞　等

2-28
非破壊検査手法を検討する

　診断には，その精度のレベルによって簡易的な診断と，診断機器等を使って詳細に診断するフェーズがある。これを一次診断，二次診断ともいっているが，必ずしもこの順番に診断が実施されないことが多いため，ここでは，診断レベルを一般診断と詳細診断に分ける（表2・11）。

表2・11　診断のレベルと調査内容（JAFIA）[1]

一般診断	主に外観の漏水，汚れ，錆など目視による点検・検査方法で，専門職でなくてもできる程度の診断内容とする。
詳細診断	一般診断で異常が発見され，再度調査が必要と判断された場合詳細診断を行う。詳細診断は専門職により，外観検査並びに計器類による検査とする。また，工場等に持ち帰り分析調査をする。

(1) 非破壊検査等の種類

　配管の詳細診断で行われる手法には次の手法が一般的である。すなわち，X線調査，超音波肉厚調査，内視鏡調査，配管採取（抜管）調査である（表2・12）。

(a) X線調査の特徴
① 断水を伴わずに内部の状況を把握できる。
② フィルム像からスケールの付着，腐食の形体，錆こぶ等の劣化状況の把握ができる。

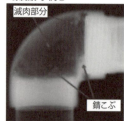
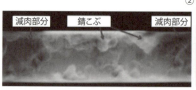
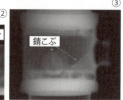

図2・89　X線による調査

表2・12　配管の詳細診断の手法（JAFIA）[1]

X線調査	配管にX線を照射し，透過したX線の強度変化をフィルムの白黒濃淡映像として観察する。白黒のコントラストから，配管肉厚の減少や錆こぶの状態を観察できる。X線照射時，管理区域内を立ち入り禁止とする。
超音波肉厚調査	配管に超音波のパルスを送り，反射側の配管表面（錆こぶの界面）で反射されて戻ってくるまでの時間から配管肉厚を計算する。局部的に肉厚が減少していると，見逃す場合がある。
内視鏡調査	配管内に内視鏡（ファイバースコープ）を挿入し，状況を観察する。錆こぶの状況等を確認できるが，配管肉厚は測定できない。
配管採取（抜管）調査	配管を採取し，酸洗いにより腐食生成物を除去後，ポイントマイクロメータで配管肉厚を測定する。配管の劣化状況の確認や肉厚の測定を確実に行える。配管の採取や復旧に時間がかかる。

1) JAFIA：一般社団法人　日本建築設備診断機構

③ SGP 管では，対象配管と同材質のモニター管（新管 100A 以内）を外装させて同一フィルムに撮影することにより，劣化状況の観察と新管との濃度比較から既設配管の腐食減肉度がわかる。

(b) 超音波肉厚調査の特徴
① 残存肉厚をその場で確認できる。
② 残存肉厚をもとに腐食量を定量化できる（推定残存寿命の算出が可能）。
③ 減少肉厚の分布から内部の腐食状況を推定できる。
④ 調査対象配管の系統を停止せず，使用している状態で測定が可能である。
⑤ 肉厚計本体が小型であり，電池により作動するため，電源が不要である。

(c) 内視鏡調査の特徴
① 外観目視で確認が難しい配管内を調査することができる。
② 内視鏡は配管条件によるが，エルボは 3～5 箇所程度通過させることができる。
③ 簡易的に調査を実施できるが，撮影画像であることから定量調査はできない。
④ 断水や，機器の使用制限が伴う場合もある。
⑤ 配管以外でも床下や天井裏などの狭い空間の調査も可能である。

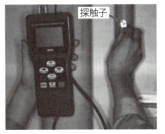

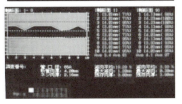

図 2・90 超音波肉厚調査

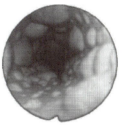 

図 2・91 内視鏡調査

表 2・13 検査方法における精度の比較（JAFIA）[1]

	肉厚調査	錆こぶ・付着物高さ測定	腐食形態の調査
X 線調査	○	○	○
超音波肉厚調査	◎	×	×
内視鏡調査	×	▲（目視）	○
配管採取調査	◎	◎	◎

◎：高精度で調査可能　○：調査可能
▲：場合による　　　×：調査不可能

2-29 給水管の劣化診断のポイントを確認する

(1) 給水管の劣化診断の概要

診断に入る前の事前調査が重要である。まず，図面・設計図書等による配管の材質や仕様の確認，改修履歴，水質検査の履歴を調査する。

外観目視調査の前に，使用者や管理者から漏水や不具合などの劣化状態に関するヒアリングを実施し，目視調査対象の系統や設置環境を把握し，調査箇所のあたりをつけることが効率のよい診断の決め手になる。

段階別調査方法		
事前調査	・図面等の確認・管材の確認 ・外観目視調査・使用者へのヒアリング ・水質管理の確認（井水利用の場合）	
非破壊調査	・X線調査・超音波肉厚調査・内視鏡調査 ・水質調査 【調査項目】 pH，電気伝導率，残留塩素，塩化物イオン 酸消費量，シリカ，全鉄など	
破壊調査	・配管抜管調査	

図2・92 給水管の劣化調査

(2) 給水管の診断計画のポイント

(a) 確認事項
① 調査作業日時と作業スペース確保の計画
② 調査箇所と配管抜管部位の計画（配管抜管工事は，現場に詳しい業者に依頼するのがよい。）
③ 調査時における設備使用制限箇所と制限時間の計画
④ 作業完了時の復旧，設備復元工事の確認

(b) 調査対象部位
① 給水立て管
・高置水槽方式の場合は，揚水系統と給水系統を分けて調査する。
・立て管と横枝管では，劣化状態が異なると考えられるから，各々について調査する。
・立て管が複数ある場合には，使用頻度の高いと想定される複数系統を優先的に調査する。
② 給水枝管
・使用頻度の高いと想定される代表階を調査する。

③ 水槽類
・受水槽・高置水槽の給水管接続部を調査する。

(c) 調査箇所
① 空気溜まりの起こりやすい，鳥居（とりい）配管となっている箇所
② 使用頻度が高い系統および使用頻度が極端に低い系統
③ ねじ接合部のような肉厚が薄い，腐食の影響を受けやすい箇所
④ ライニング鋼管の場合，腐食の影響を受けやすい継手接合部

(d) 調査の要点
① 給水配管に接続されている機器・器具からの給水状況（流量・圧力・色など）を観察
② 施設内の給水栓をすべて停止した状態で，量水器がカウントしていないことを観察し，漏水が起きていないことを確認
③ 漏水痕の確認（ねじ部の汚れ，外部防食被覆の傷・はく離）
④ 配管回りの漏れの有無の確認

⑤ フランジ部分の漏れ（ガスケットの劣化）の有無確認
⑥ 小口径管のねじ込み部の漏水確認
⑦ 継手部回りの漏水等状況確認
⑧ 水質検査は，揚程や使用頻度に差がみられる水栓から数箇所採水
⑨ 水質検査項目は，pH，電気伝導率，残留塩素，塩化物イオン，酸消費量，シリカおよび全鉄とし，残留塩素は現地での測定を基本とする。その他は持ち帰り分析（表2・14参照）

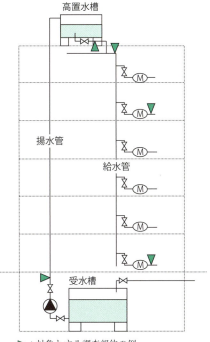

▶：対象とする調査部位の例

図2・93　給水設備の調査箇所の例（高置水槽方式の場合）

表2・14　主要な水質分析項目と腐食

No	分析項目		概要
01	外観	—	着色や懸濁は水質の悪化を示す。無色透明が望ましい。
02	水温	℃	温度が高いほど腐食が進行しやすい傾向がある。低温が望ましい。
03	色度	度	配管の腐食により高くなる傾向がある。5以下とする。
04	濁度	度	配管の腐食により高くなる傾向がある。2以下とする。
05	pH（at25℃）	—	水の腐食性やスケール生成傾向を示す。5.8〜8.6とする。
06	電気伝導率（at25℃）	mS/m	高いほど腐食が進行しやすくなる傾向にある。30以下が望ましい。
07	溶存酸素	mg/L	高いほど腐食が進行しやすくなる傾向にある。5以下が望ましい。
08	残留塩素	mg/L	水の安全性の指標。0.1以上とする。高いと配管の腐食に影響するおそれがあるため，0.4以下が望ましい。
09	塩化物イオン	mg/L	高いほど腐食しやすい傾向にある。30以下が望ましい。
10	酸消費量［pH4.8］（Mアルカリ度）	mg/L	高いほどスケールが生成されやすい傾向にある。50以下が望ましい。
11	イオン状シリカ	mg/L	高いほどスケールが生成されやすい傾向にある。30以下とする。
12	全鉄	mg/L	配管の腐食により高くなる傾向にある。0.3以下が望ましい。

（出典：佐藤茂「腐食に係わる水質分析項目について」，ダイダン技報　2008　抜粋）

2-30 排水管の劣化診断のポイントを確認する

(1) 排水管の劣化診断の概要

給水管の劣化診断と同様に，診断に入る前の事前調査が重要である。まず図面，設計図書等による配管の材質や仕様の確認，改修履歴，清掃履歴等を調査する。

外観目視調査の前に，使用者や管理者から排水状況，漏水などの劣化状態，使用状況に関するヒアリングを実施し，目視調査の系や設置環境を把握し，調査箇所のあたりをつけることが効率のよい診断の決め手になる。

排水の場合は，建物から放流された後の地中埋設管の外部腐食や，桝からの勾配異常などによる溢水にも配慮する必要がある。

段階別調査方法	事前調査	・図面等の確認・管材の確認 ・外観目視調査 ・使用者へのヒアリング 　清掃の手段，管理状況の記録確認 　器具，設備の使用頻度，季節変動 ・排水状況の確認 ・外観目視，触診 ・埋設管の外面防食被覆の状態
	非破壊調査	・X線調査 ・超音波肉厚調査 　肉厚調査結果より残存寿命の推定 ・内視鏡調査，TVカメラ調査
	破壊調査	・配管採取調査 　肉厚調査結果より残存寿命の推定

図2・94 排水管の劣化調査

(2) 排水管の診断計画のポイント

(a) 確認事項
① 調査作業日時と作業スペース確保の計画
② 調査箇所と配管抜管部位の計画（配管抜管工事は，現場に詳しい業者に依頼するのがよい。）
③ 調査時における設備（便所・浴室・厨房など）の使用制限箇所と制限時間の計画
④ 作業完了時の復旧，設備復元工事の確認

(b) 調査対象部位
① 排水立て管
・汚水系統と雑排水系統に区分して調査
・立て管と横主管では劣化状態が異なると考えられるので，各々について調査
・立て管が複数ある場合には，使用頻度の高いと想定される複数系統を優先的に調査
・曲部，合流等の継手（管清掃による損傷の有無に留意する。）

② 排水枝管
・汚水系統と雑排水系統（劣化が著しい厨房系統を含む）に区分して調査
・使用頻度の高いと想定される系統を優先的に調査

③ 通気管
・排水槽通気管（外部まで適正に配管されているかを含む。）
・屋上等に開放された通気管ベントキャップ等の調査

(c) 調査箇所

調査箇所は，配管の劣化や堆積物による閉塞が起こりやすい次の位置を主とする。
① 使用頻度が高く，排水の流れや通気の悪い箇所
② 厨房排水のような堆積物が溜まりやすい箇所

③ ねじ接合部のような肉厚が薄い，腐食による減肉が起きやすい箇所
④ ライニング鋼管の場合，腐食の影響を受けやすい継手接合部の露出部

(d) 調査の要点
① 排水管に接続されている機器・器具から排水状況を確認
② 流れが円滑でない場合，排水トラップ等の点検
③ 配管サイズ，勾配の確認
④ 配管清掃を実施している場合，その方式，薬剤の種類等を確認し記録
⑤ 漏洩痕の確認（ねじ部の汚れ，外面防食被覆の傷・はく離の確認）
⑥ 配管回りのぬれの有無確認
⑦ フランジ部分の漏れ（パッキング部分の劣化）の有無確認
⑧ 継手部回りの状況確認

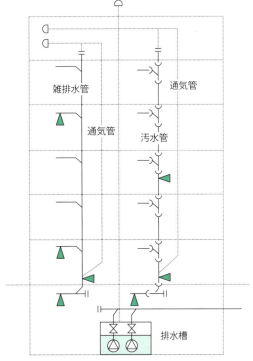

▶：対象とする調査部位の例

図2・95 排水設備の調査箇所の例

> ### コラム6　推定残存寿命の計算
>
> 　配管が腐食して最も薄くなった部分の肉厚（残存最小肉厚 B）を，同径の配管の規格による公称肉厚（A）から差し引いた値を，配管の使用年数で割ると，1年間あたりの腐食する厚さが求まる。これを最大侵食度（M）という。
>
> 　配管のねじ部は通常の配管の肉厚より薄いため，公称のねじ谷部の厚さ（t）から最大に侵食した厚さ（$A-B$）を差し引いた値を M で除すると，あと何年で配管に穴が開くかを想定できる。これを**推定残存寿命**（N）という。
>
> $$N = \frac{t-(A-B)}{M}$$

2-31 冷温水管・冷却水管の劣化診断のポイントを確認する

(1) 冷温水管・冷却水管の劣化診断の概要

給水管・排水管の劣化診断と同様に，診断に入る前の事前調査が重要である。まず図面，設計図書等による配管の材質や仕様の確認，改修履歴，水質検査の履歴を調査する。

外観目視調査の前に，使用者や管理者から，漏水などの劣化状態，設備の使用状況に関するヒアリングを実施し，目視調査の系統や設置環境を把握し，調査箇所のあたりをつけることが効率のよい診断の決め手になる。

とくに，冷却水系統や蓄熱槽を利用した冷温水配管では，密閉系か開放系かにより，腐食状況が異なることから留意する必要がある。

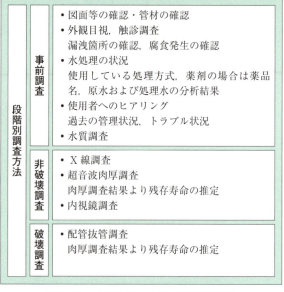

図 2・96 冷温水管・冷却水管の劣化調査

(2) 冷温水管（蓄熱槽開放型）の診断計画のポイント

(a) 確認事項
① 調査作業日時と作業スペース確保の計画
② 調査箇所と配管抜管部位の計画（配管抜管工事は，現場を知る業者に依頼するのがよい。）
③ 調査時における設備の使用制限箇所と制限時間の計画
④ 作業完了時の復旧，設備復元工事の確認

(b) 調査対象部位（必要に応じ複数系統を行う。）
① 主管
・溶接またはねじ接合部を優先する。
・ライニング管の場合，継手接合部を優先する。

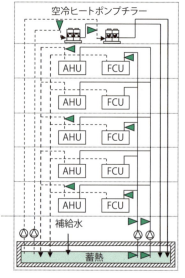

図 2・97 冷温水(開放)系統の調査箇所

② 系統の主管
- 流量の大きい系統，溶接またはねじ接合部分
- 青銅弁類の接続部分，蓄熱槽内に水没しているポンプの吸込み口等

③ 枝管
- 運転時間が長い箇所
- 溶接またはねじ接合部分
- FCU および AHU の往管（FCU 優先）

④ 水質調査
- 補給水と冷温水（蓄熱槽水）

(c) 調査診断のポイント
① 漏洩痕の確認
② 保温材，下部床のぬれ・しみ
③ フランジ部分のぬれ（ガスケットの劣化）
④ 小口径管のねじ接合部
⑤ 溶接部分
⑥ 弁類の接続部分
⑦ ポンプの軸受部分の確認（漏水の程度）
⑧ 空気抜き部の確認
⑨ 膨張タンクの確認（補給水の状況）
⑩ 立て管部分より横引き管部分を優先
⑪ 水質検査（循環水および補給水）

(3) 冷却水系統（開放型）調査箇所

(a) 確認事項

冷温水管に同じである。

(b) 調査対象部位
① 主管
- 使用頻度の高い，還管を優先とする。
- 溶接またはねじ接合部
- ライニング管の場合，継手接合部を優先

② 水質調査
- 補給水と冷却水

(c) 調査診断のポイント
① 漏洩痕の確認（ねじ部，保温材の汚れ）
② 保温材，下部床のぬれ・しみの有無の確認
③ フランジ部分の漏れ（ガスケットの劣化）
④ 溶接部分
⑤ 弁類の接続部分
⑥ ポンプの軸受部分の確認（漏水の程度）
⑦ 空気抜き部の確認
⑧ 立て管部分より横引き管部分を優先
⑨ 水質検査（循環水および補給水）

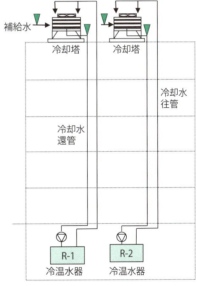

▶：対象とする調査部位の例

図 2・98　冷却水（開放）系統の調査箇所

設備配管のチェックシート

チェックポイント	不具合・目的	対応
【配管設備共通】		
□どんな用途の配管があるか確認する。 （オフィス 2-15 参照） （マンション，戸建住宅 2-16 参照） （2-18 配管図記号参照）	・専有部，共用部に敷設されている配管の用途をイメージし，現場調査の際に確認する。 ・設備の図面から配管の系統，配管ルートを読み取る。	・配管の用途や位置が図面と異なる場合には修正しておく。
□使用している管材を確認する。 （2-17 参照）	・管材は建築された年代によって違っている。使用管材を知ることによって，劣化・腐食の傾向を知ることができる。	・現場で管材が確認できない場合は，設備図面の一般仕様書を確認する。
□設備の概略の耐用年数を確認する。 （2-2 参照）	・設備機器並びに配管類は，使用経過年数により，おおよその寿命を推定することができる。	・使用経過年数と改修後の建築利用想定年数から，設備の更新の是非を検討する。
□配管の区分・区画貫通を確認する。 （2-19 参照）	・区分所有されている建築物（マンション等）では，配管が共用部分，専有部分，他人の専有部分に跨って設置されていないかを確認する。 ・配管が防火区画になっているスラブや壁を貫通していないか確認する。	・配管が複数の区分所有空間を跨いでいる場合は，区分所有者との調整が必要 ・防火区画貫通部分では，区画貫通処理や不燃性配管の使用等の検討が必要
□各種配管の劣化兆候を目視で確認する。 （2-26 参照） （2-20 漏水参照）	・配管は床や壁に隠蔽されている可能性があるため，目視できる場所が限られる。 ・漏水や漏水痕を見逃さないように注意する。	・兆候が見られた場合に，詳細な診断を実施する。
□配管各部の劣化状態を診断し評価する。 （2-27 参照）	・配管用途別診断箇所の選定，診断結果の評価を定量的に把握する。	・目視を主体とした一般診断で，配管システム全体の劣化状況を推定する。 ・重要な箇所は非破壊検査を実施する。
□非破壊検査で詳細診断をする。 （2-28 参照）	・非破壊検査手法を選択する（内視鏡調査／超音波肉厚計調査／X線調査／抜管調査等）。	・調査結果より診断報告書を作成し，改修の企画を提案する。
【用途別配管】		
□給水配管の診断を計画する。 （2-29 参照）	・診断の内容，診断のポイント，診断の要点を明確にして，診断計画を立案する。	・調査結果により，経過観測，3年後再診断，早急な対策などの段階別判断をする。
□排水配管の診断を計画する。 （2-30 参照）	・診断の内容，診断のポイント，診断の要点を明確にして，診断計画を立案する。	・調査結果により，経過観測，3年後再診断，早急な対策などの段階別判断をする。
□冷温水配管・冷却水配管の診断を計画する。 （2-31 参照）	・診断の内容，診断のポイント，診断の要点を明確にして，診断計画を立案する。	・調査結果により，経過観測，3年後再診断，早急な対策などの段階別判断をする。

第3部
エネルギー使用量を診る

概　説

　第3部では，どのように「エネルギー使用量を診る」のかについて解説していきます。
　1970年代前半に起きたいわゆるオイルショックをきっかけに，省エネルギーが叫ばれてから40年が経過しました。過去40年の間，さまざまな努力が払われ，エネルギーの使用効率は全般としては向上しています。
　しかしながら，いまだに，建築の使用に伴うエネルギー使用量総量は漸増傾向にあり，国内エネルギー使用量のうち3分の1を占め続けています。過去40年間に努力を継続してきたにもかかわらず，建築におけるエネルギー使用量総量が思いのほか減少していません。その一因は，設計時点で想定した建築におけるエネルギー使用量と，実際の使用量が乖離していることにあるように思われます。
　このような乖離が生じるのはなぜなのでしょうか？
　設計時点では，どのように建築を使用するのか仮定され，それに基づいてエネルギー使用量が予測され，建築構成材の仕様や，建築設備機器の容量・仕様が決められていきます。この予測の精度を高めるのは容易ではありません。というのは，エネルギーの使用量は，気象条件などの外的要因によっても大きく変動しますし，その建築のなかで，人がいかなる用途を持ち込み，どのように行動するのかによっても大きく左右されるからです。
　例えば，ひとくちに事務所建築といっても，サーバーなどIT機器を大量に使用する事務所もあれば，パソコン程度しか使用しない事務所もあります。また，定時始業定時退社する事務所もあれば，不夜城のように24時間使い続ける事務所もあります。
　仮に同じ間取りの住宅であったとしても，居住人数や，生活パターン・習慣によってもエネルギーの使用様態も使用量も大きく異なります。
　既存建築におけるエネルギー使用量の抑制，使用効率の改善を図るのであれば，そのエネルギーの使用様態を把握するとともに，なぜそうした使用量が生じるのかを分析して，その原因・メカニズムを明らかにしていかなければなりません。
　いままでは，エネルギー使用量を分析することは必ずしも容易ではありませんでした。テナントビルで，各階各室に子メータが設置されているような場合を除けば，電力会社が設置したアナログ式の電力量計で，建物全体の使用電力量を計測することしかできない建築が大半でした。
　近年は，配電盤・分電盤に取り付けるデジタル式の電流量計・電力量計が安価に入手できるようになりました。また，照明機器や空調機器などの機器，あるいはコンセントに設置する電流量もしくは電力量を計測するセンサーも普及しはじめています。これらの測定

センサーには，送信機能もついていることから，インターネットなどの通信回線を介して，測定データを送信して集計し，ソフトウエアを介して集計結果をグラフなどによりビジュアルに表示する見える化もできるようになってきました。

さらには，ガス使用量，上水道使用量についても変換装置を通じてデジタル・データとして送信できるようになっています。加えて，外気温，室温，湿度，照度，CO_2を測定する通信機能付センサーも普及しはじめています。結果として，図1に示すエネルギーの見える化システムや，図2に示すような，スマート・エネルギー・マネジメント・システムとともよぶべきシステムが普及しはじめました。

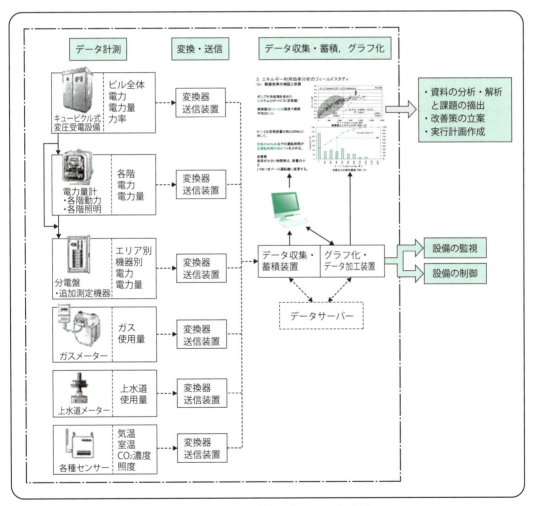

図1　エネルギーの見える化システム概念図

(出典：東京都環境局地球温暖化防止推進センター：テナントビル等における「エネルギー見える化設備」を活用した省エネルギー対策　www.tokyo-co2down.jp/cmsup/pdf/mieruka.pdf)

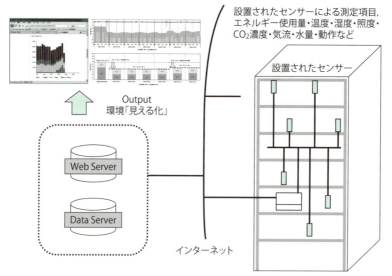

図2 インターネットを活用したセンサーネットワークによる
スコート・エネルギーマネジメント・システム概念図

「エネルギー使用量を診る」とは，単にエネルギーの使用量を計測するだけでなく，使用量のむりむだが生じている箇所や，その要因を推定していくことも含まれています。

図1，図2のようなシステムを用いることによって，次のようなことが可能になります。

① 建築全体だけでなく，系統別，部位別，機器別にエネルギーの使用量を計測することによって，どの部分のどのような用途でエネルギーが使用されているのかを推定できます。

② 1日，1週間，1年という時間スケールのなかで，いつ，エネルギー使用量のピークや底が現れるのかという傾向と，建築の使用状況とを重ね合わせることによって，どのような用途に対して，どのくらいのエネルギーが使用されているのかを推定する手掛かりが得られます。

③ 測定間隔を1分程度まで密実にすれば，窓を開ける，スイッチをオンオフにするなどの人の操作・行動が，エネルギー使用量の変動にどのような影響を与えているのかも分析できます。

④ 影響が大きいと思われる要因について，計測データを収集することによって，使用状態とエネルギー使用量との関連性について，より正確に分析できます。例えば，外気温の観測データとエネルギー使用量の計測データとの関連を分析し，両者の間に高い相関関係がある場合は，空調負荷がその建築のエネルギー使用量全体のなかで大きな割合を占めていると推定できます。逆に，相関関係が低い場合は，空調負荷以外の要因（例：電子計算機による電力負荷）が卓越して影響していると推察できます。

留意すべきことは，我慢の省エネルギーは決して長続きしないということです。快適性を損なうようなエネルギー使用量の制約は齟齬を生みますし，高齢者を寒冷な状態でおくことは健康管理上の危険を生みます。したがって，「エネルギー使用量を診る」にあたっては，空間の居心地・使い心地（＝快適性）が使い手・住まい手にとって，受け入れうる範囲にとどまっていることを前提としなければなりません。となると，第1部で解説したように「空間が人に及ぼしている身体的・心理的影響」を診つつ，エネルギー使用量の分析がなされなければなりません。

　近年，エネルギー使用量や環境条件を計測する機器・センサーが飛躍的に機能向上し，安価になってきました。しかも，情報ネットワークを活用し，計測データを現場から離れたサーバーに転送し，集計分析することも容易になってきています。このような条件が整ってきたことによって，図1，図2を用いたシステムを中小の建築を含め多様な建築に導入することが，経済的にも容易になりつつあります。

　第3部では，こうしたセンサー・計測機器を用いてどのようにデータを収集・集計・分析すればよいのかを学んでいきます。既存の建築から，エネルギー使用に関する情報を収集することは，まさに序章で述べた，情報の「逆・転写」技術です。情報の「逆・転写」なくしては，建築はまさにブラックボックスで，どうして建築でそれだけのエネルギーが使われているのか，どこにむりむだが眠っているのか把握することは困難です。

　第3部では，以上のような現状を考慮して，野城・馬郡研究室で取り組んできた技術開発やその実用例を踏まえて，エネルギー使用量の診方の初歩をまとめています。エネルギー使用に係わる「逆・転写」の初歩的知識を学んでいっていただければ幸いです。

3-1 エネルギー使用量の計り方を知る

使用電力量の測定方法には，以下の3種類がある。

- 電力会社が設置しているアナログ式電力量計（もしくはパルス式）を用いる。
- テナントビルで設置している子メータを活用する。
- インターネットを活用したセンサーネットワークを利用する。

(1) 電力会社が設置しているアナログ式電力量計，特高受変電電力計を用いる

とくに，アナログ式電力量計の場合は，電力会社から送られてくる料金請求書には，その月の使用電力量の他，過去1年間の最大需要電力（最大電力），電力料金単価などが記載されている。

この情報をもとに，当該建物の月別の使用電力量・最大電力量の推移を集計しグラフ化することができる。また，アナログ式電力量計を一定時間間隔で読針することによって，より短い時間間隔での分析が可能である。その場合は，前回の読針値との差分に，電力量計に記載されている力率を掛けることで電力量を計算することができる。パルス式電力量計の場合は，デジタルデータを取得できる場合もある。

(2) テナントビルで設置している子メータを活用する

テナントビルでは，各階・各区画にテナントへの課金のため，子メータが設置されていることが多い。子メータのデータを集計することによって，各階・各区画別の月別電力使用量を集計することができる。

また，動力200 V系と電灯100 V系に分かれて電力量計が設置されている場合がある。こうした場合は，それぞれ次のような別用途による電力使用であると解釈できる。

① 動力200 V系の測定データ　　主として空調設備，衛生設備

② 電灯100 V系の測定データ　　主として

表3・1　エネルギー使用量計測の目的別「エネルギー見える化設備」の例

導入の目的	設備，機能等の概要
1　各階（テナント）の使用エネルギーの検針	自動検針装置を導入し，検針とともに「見える化」に必要なデータを得る。
2　最大電力の管理と抑制	デマンド監視・制御装置を導入し，最大電力の抑制を行うとともに「見える化」に必要なデータを得る。
3　1回路の使用エネルギー等の測定	配電盤・分電盤等に計測器を設置して電力使用量のデータを得る。
4　多回路の使用エネルギー等	配電盤・分電盤等に，計測器を必要とする回路分を設置して，電力使用量のデータを得る。多回路モニターと呼称される。
5　エネルギー多消費機器（空調等）の管理	管理する設備について，測定機器を導入して必要なデータを得る。
6　事業所全体の総合的な管理	事業所の規模（延床面積，エネルギー使用量，テナント数等）に応じて，システムの機能や大きさを検討して適切なシステムを採用する。

（出典：東京都環境局地球温暖化防止推進センター：テナントビル等における「エネルギー見える化設備」を活用した省エネルギー対策（www.tokyo-co2down.jp/cmsup/pdf/mieruka.pdf）

照明設備およびコンセント設備（パソコン，サーバー，複写機等のOA・IT機器）

(3) インターネットを活用したセンサーネットワークを利用する

必要に応じて，配電盤・分電盤・機器等に通信機能をもったデジタル式電力量計などのセンサーを設置し，これらのデータを収集し集計する。その測定範囲や測定密度は，表3・1に示すような測定目的に即して設定する。(1)，(2)の方法とは異なり，自動的にデータを収集し集計分析できる。サーバーなどの容量上の制約がなければ，1分間隔などの短い間隔でデータを収集することもでき，窓の開閉，機器のオンオフによる使用量の相違などについてもきめ細かく分析することができる。

インターネットを用いた測定システムは，図3・1に示すようなシステム構成をとる。ここで顧客（図の左上）は，センサーや送信機を取り付けた建物（図の左下）の運用にあわせたエネルギーの使用量やデータ取得した結果や分析結果を，インターネットのWebブラウザで確認することができる。Webブラウザやメール等のインターネットを活用できる電子媒体であれば，どこにいても専用のシステムを持ち歩くことなく情報の閲覧は可能である。

建物やエネルギー管理の専門家（図3・1の右）による診断などを加える仕組みを構築すれば，エネルギー利用の問題点や対策などに関する情報を受け取ることもできる。

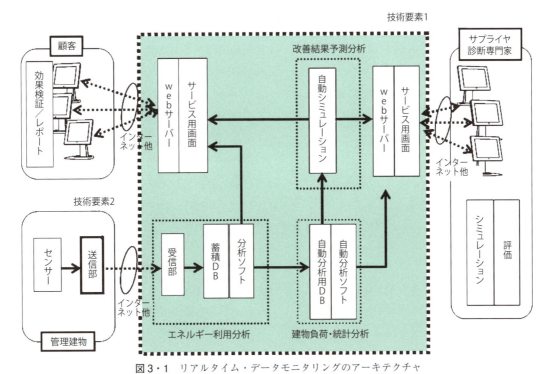

図3・1 リアルタイム・データモニタリングのアーキテクチャ

(出典：馬郡文平　学位論文　既存建物における省エネルギー・CO_2削減のためのリアルタイムモニタリング及び最適化制御に関する開発研究)

3-2
エネルギー使用量分析の概要を知る

(1) データ収集の手順のあらましを知る

施設群全体，各施設別，設備種別，部屋別のように，徐々に詳しく電力量データを構造的に把握するために，次の手順によりデータを収集する。

(a) 初期情報の整理

図面などにより情報を整理する。

① 設備機器の仕様，消費電力
② 電力系統図
③ 棟別に関連する組織内容
④ 部屋別の組織名称

(b) 電力使用量のデータ

以下のデータを収集整理する。

① 電力会社が設置しているアナログ式電力量計を用いて得た，全体の電力契約メータからのデータ
② 施設別の高圧電力メータからのデータ
③ インターネットを活用したセンサーネットワークを用いて得た，各部屋の電灯・動力盤のメータからのデータ

(2) 電力会社が設置している電力量計による分析をする

特高受変電電力計からのデータを用いて全体電力使用量を集計し，次のような点について分析する。

① 月別（季節別）エネルギー使用量
② 平日・休日・特殊日の1日電力使用量
③ 電力多消費の日・時間帯
④ 夏期・冬期のピーク時間（および電力平準化の程度）
⑤ 夜間待機電力量
⑥ 昼間の建築負荷（ア）
⑦ 相当建築負荷（（ア）−内部負荷（イ）：照明＋コンセント）

多消費日時の状況や，負荷パターンの特徴など，施設群としてのエネルギー消費の課題が特定できる。

(3) 施設別の高圧電力メータによる分析をする

施設別の高圧電力メータからのデータを用いて全体電力使用量を集計し，電力会社が設置している電力量計による分析と同様の点について分析する。

これにより，エネルギー多消費施設や多消費日時の状況や，負荷パターンの特徴など，建物ごとのエネルギー消費の課題が抽出できる。

なお，電気式の空調システムの場合には，電力量の時系列モニタリングによって，建物の負荷特性を詳細に分析することが可能である。また，ガスヒートポンプ空調や熱源設備がガスである場合は，ガス消費量のデータや空調している部屋の面積と空調時間帯等を分析する。さらに，熱源で供給する冷温水の使用エネルギー量を分析することが望ましい。

(4) インターネットを活用したセンサーネットワークを用いた分析をする

部屋別の電灯，動力モニタリングからのデータをもとに，次のような点について分析する。

① 標準的な部屋別と，特殊負荷のある部屋に関する季節別のエネルギー使用量
② 平日・休日・特殊日の1日電力使用量
③ 電力多消費の日・時間帯
④ 夏期・冬期のピーク時間（および電力平準化の程度）
⑤ 夜間待機電力量

これにより，部屋用途ごとの多消費日時の状況や負荷パターンの特徴など，エネルギー消費の課題が抽出できる．

(5) エネルギー使用量原単位を把握する

エネルギーの使用データを把握できれば，毎年，毎月，ピーク時間等の消費量原単位（延床面積 $1m^2$ 当たりの年間の平均エネルギー使用量（MJ）の平均値）を算定できる．これにより，エネルギーの削減目標を策定でき，省エネルギーが実施できたかの確認ができる．

建築全体のエネルギー使用量原単位は，(1)(b)①「電力会社が設置しているアナログ式電力量計を用いる」だけでも把握することができる．具体的には，電気・ガス・油等の毎月の請求書を閲覧し，請求月別の使用量を把握する．月別のエネルギー使用量は変動するので，年間のエネルギー使用量を計算する．これを，延べ床面積で割れば，面積当たりのエネルギー使用量原単位を得ることができる．

建物用途によって，エネルギー消費原単位の標準値（例えば，図3・2）と比較することで，その建物のエネルギー使用量の大まかな位置づけを把握することができる．

(6) 測定分析によるむ・り・む・だの原因発見のプロセスを知る

モニタリング・データを利用して，エネルギーのむ・だの原因を発見するプロセスは，図3・3

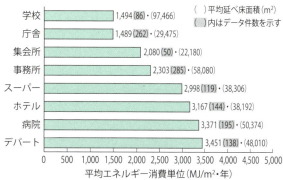

図3・2 施設用途別のエネルギー消費量原単位の標準値例
(出典：「省エネ推進の手引き2009」(財) 省エネルギーセンター)

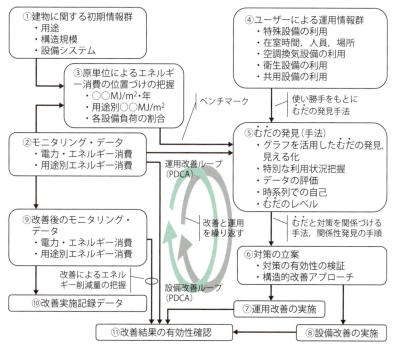

図3・3 エネルギー使用量モニタリング・データの利用プロセス

のように表すことができる。このプロセスは，次のような手順からなる。

① 建物に関する初期情報群（用途，構造規模，設備システム）の収集整理
② エネルギー使用量にかかわるモニタリング・データを収集
③ 原単位によるエネルギー消費の位置づけの把握
④ ユーザーによる運用実態に係わる情報群（特殊設備の利用，在室時間，人員，場所，空調換気設備の利用状況，衛生設備の利用状況，共用設備の利用実態）の収集
⑤ グラフを活用した分析によりむだの発見
⑥ 運用改善対策立案
⑦ 運用改善対策の実施
⑧ 設備改善（更新など）の実施
⑨ 改善後のモニタリング
⑩ 改善実施記録データの収集・分析
⑪ 改善結果の有効性確認

重要なことは，測定分析によるむりむだの原因発見のプロセスは，何度もいったりきたりを繰り返すPDCA（P：Plan，D：Do，C：Check，A：Action）によるプロセスであるということである。

(7) 住宅のエネルギー使用量を分析する

住宅で使用されるエネルギーは，一般に電気，ガス，灯油等が主なものである。最近では，太陽光発電の需要も多い。電力自由化等もあり，電力会社は新電力事業者も加えると全国で60社を超え，契約種類は600以上もあるため，使用量に合った最適な契約の選択も難しくなってきている。また，自動車等のリッター当たり〇〇km走るといった目安もなく，対象の住宅が省エネルギーかどうかの判断も難しい。そこで以下のような流れで，住宅におけるエネルギー使用量を分析する。

(a) エネルギー使用量を把握する

一般住宅では，電力契約はアンペア契約になっている場合が多く，主開閉器のアンペア数によって基本契約を行っている。そこでまず利用しているアンペアを把握する。

次に，年間の電力使用量に関して，請求書の内訳によって毎月の電力使用量を把握する。図3・4は，地域別年間エネルギー使用量，図3・5は，世帯人員別の年間エネルギー使用量の標準値である。対象の住宅の電力，ガス，灯油等の年間使用量をMJ（メガジュール）に換算することにより，図3・4，3・5との比較が可能である。

(b) エネルギー契約に関して把握する

契約内容は，請求書に記載されている。各電力会社では，電気供給約款を用意していて，電力検針票には使用量や契約種別等の記載がある

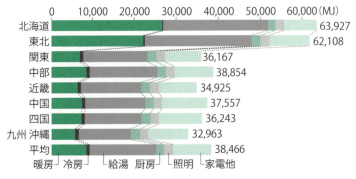

図3・4 地域別住宅一戸当たりの年間エネルギー使用量

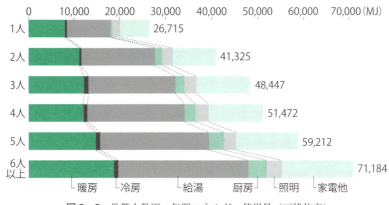

図3・5 世帯人数別，年間エネルギー使用量（戸建住宅）
（図3・4，3・5出典：資源エネルギー庁　平成24年度エネルギー消費量状況調査，同庁HPより）

（図3・6）。ガス等に関しても同様である。筆者らによる調査では，エコ給湯を導入して夜間電力の契約になっていたが，高齢者のため昼間も滞在時間が長く電力使用量があり，この価格が通常の契約より高価になっている例もあった。

(c) 電力の自由化とさまざまな契約主体を選択する

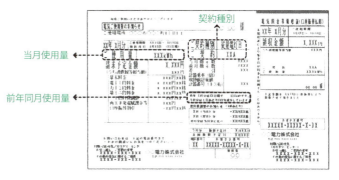

図3・6　電力検針票例

個人の電力契約に関する比較サイトもある。住まいの地域を選択して，電力使用量を入力，インターネット通信やその他の関連サービスの状況を入力すると，現在の電気料金と比較して最も安価な契約が可能な事業者が表示される。このような情報で，契約の適正化を検討するのも大切である。契約に際しては，さまざまな関連契約や付帯サービスなどの制約もあるため注意が必要である。

(d) 電力使用量による契約アンペアの変更

多くの住宅では，新築や改築当初のメインブレーカーがそのまま設置されている場合が多い。例えば，50Aの契約の場合は，家庭であれば5kW程度の機器を同時に利用できる。ただし，最近では，エアコン等の機器性能が向上し，それぞれの機器を同時に利用しない場合なども想定できれば，40Aにブレーカー容量に

図3・7　電力簡易計測器

契約変更することによって電気の基本料金を下げることができる。

(e) 住宅における見える化

新築の場合には，HEMS等のシステムを利用することも可能であるが，見える化のシステムが入っていない場合や，電力消費量の内訳を知りたい場合には，簡易計測器が向いている（図3・7）。瞬時電力量や積算電力量，目安となる料金を表示する機器もある。

3-3
エネルギー使用量の概要を分析する（研究キャンパスの事例）

電気設備に関する技術基準を定める省令では，7000 V 以上を特別高圧としている。工場や大規模事業所など大電力を利用する事業所は，電力会社と特別高圧での契約を結び，特別高圧受電所を設置して変電所から 22,000 V で受電している。この受電施設に設置された特高受変電電力計は，エネルギー使用量の分析に活用することができる。

特高受変電電力計データによる分析では，電力インフラから供給される電力量と，建物全体の用途別電力使用量の把握が重要であり，電圧と電流，もしくは電力量の計測結果より実態を分析する。全体から徐々に細部の電力使用量分析を行いつつ，施設の使い勝手などの特徴を把握することを旨として，概ね次のような方針で分析していく。

① 受変電設備の主幹の電力量を把握する。
② 動力と電灯の電力量を把握する。
　受変電設備では，一般に動力トランスと電灯トランスを分けて別々に計量する。
③ 消費割合の大きな電力負荷が利用されているトランス（変圧器）について，一次側（もしくは二次側）の計測をする。
④ 3φ200 V は「動力」とみなし，空調動力，熱源動力，搬送動力の消費電力を把握する。

具体的には，次のような手順で分析を進める。

分析 1：「ピーク電力の発生時間」と「ピーク発生時の負荷パターン」

年間のモニタリング・データから，「ピーク電力の発生時間」と「そのピーク発生時の負荷パターン」を分析する。図 3・8〜3・11 に示す事例では，7月は，いずれも 14 時に電力ピークが発生している。8 月は，15 時にピークが発生している。負荷カーブは 7 月，8 月ともに同様な曲線を描き，ピーク日にだけ特別な電力を使用しているようにはみえない。また，受変電計測データを図 3・9 のようなグラフに描くことによって，夜間や休日の電力使用量から待機電力や 24 時間負荷を推定することもできる。

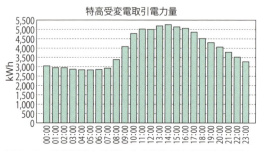

図 3・8　受変電電力計測による建物電力使用量分析例 1（ピーク電力量）2008 年 7 月 24 日ピーク時間は 14 時 5,260 kWH

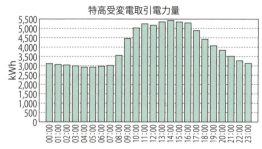

図 3・9　受変電電力計測による建物電力使用量分析例 2（ピーク電力量）2008 年 7 月 25 日ピーク時間は 14 時 5,410 kWH

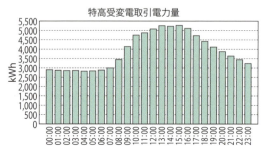

図 3・10　受変電電力計測による建物電力使用量分析例 3（ピーク電力量）2008 年 8 月 4 日ピーク時間は 15 時 5,240 kWH

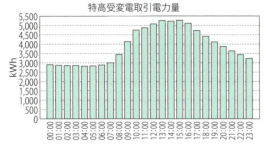

図 3・11 受変電電力計測による建物電力使用量分析例 4 （ピーク電力量）2008 年 8 月 7 日ピーク時間は 15 時 5,270 kWH

分析 2：ピーク電力量の発生しやすい週

平日と土日休日の差を把握する。ピーク電力を発生させた 1 日と，ピークにならなかった 1 日を比較することによって，ピークを発生させるタイミングやその要因を推測していく。

分析 3：ピークの発生しやすい時間の分析

図 3・8～3・11 に示す事例では，7 月と 8 月の主な電力使用のピーク日を重ねてみると，14～15 時にピークが集中していることがわかる。また，夜間の時間電力使用量はほぼ一定である。

このような状況を踏まえるならば，全体のエネルギー使用量やピーク電力使用量を下げるため，この事例では，次のような対策をとることが考えられる。

① ベースとなる 24 時間負荷を下げる。
② 利用率の高い機器を高効率に運転する。（もしくは高効率の機器に交換する。）
③ 負荷が平準化するように使い方を工夫する。

分析 4：同一敷地内各棟の電力使用量

施設を構成する各棟それぞれについて電力使用量を把握する。

図 3・8～3・11 の事例の場合，全体のピークが現われる時間帯（14～15 時）の利用状況や，棟別の電力使用量の特徴を把握する。

分析 5：ピーク電力に影響の大きな施設の割り出し

各棟の使用量の変化を比較して傾向を分析することによって，どの施設・棟が敷地全体のピーク発生に影響しているかを推測していく。敷地全体の電力使用量の変化パターンと類似した変化パターンをもっている棟は，ピーク発生に影響を及ぼしている可能性がある。

また，施設中のどの棟の電力使用量が高い割合を占めるのかも考慮し，敷地全体への影響の使用量の大きな棟を特定していく。

分析 6：運用状況の特徴を把握

センサーネットワークによる計測によって，個別の部屋の電力使用量を分析して運用状況の特徴を把握する。

図 3・8～3・11 の事例では，その用途上研究機材やサーバー等の電力利用が相当量あることが推測できたので，一般的な設備のエネルギー使用とは仕分けして利用状況を分析した。

分析 7：特殊な負荷の調査

図 3・8～3・11 事例の場合，研究機材を活用する実験室のエネルギー使用量が卓越する。施設全体のピークを抑制するためには，ピーク日になりやすい時期に実験を一時休止するなど，全体として各部屋の実験等の実施時間をずらすことによって，ピーク電力量をうまく組み合わせて，ピークを抑制できる可能性があることがわかった。

3-4 ピーク電力の抑制状況の分析をする

一定の単位時間のなかでの電力使用量のピークの現れ方を分析することによって，エネルギー使用量や光熱費の抑制のための手掛かりを得ることができる。

(1) 1日のなかのピーク電力の現れ方を診る

電力使用量は，建物の利用時間に合わせて時々刻々と変化する。1日の電力使用量の変動を1時間ごとにプロットする時間別グラフを作成することによって，ピーク電力の現れ方の特徴を分析することができる。

図3・12の事例（研究キャンパス）では，平日の夏期の午前11時ころに電力ピークが発生している。土曜日や休日は建物の利用範囲が限られているため，10時ころにピークが発生している。

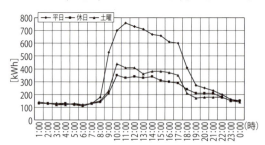

図3・12 建物の1日電力使用量（夏期）の事例（時間別グラフ）

ピークの発生する時点で電力使用量が増加する要因を分析したうえで，建築の使い方や，設備の運転方法を変更することができれば，電力会社との契約電力規模を縮小させることにより，年間の基本料金を減らすことができる可能性もある。

平日，土日祭日に関係なく，夜間は130～150 kW/h を待機電力として使っている。ピーク時でも全体電力に比較して約25％が待機電力に相当し，昼間に利用する施設としては大きい比率であると思われる。

この待機電力の原因を，実態調査などにより突き止めることができれば，電力使用量を削減することができる。

(2) 年間のピーク電力の現れ方を診る

建物の電力使用量を計測し，1時間の電力使用量（kW）を大きい順に並べグラフを作成する（図3・13）。通常の使用電力量と比べてピーク時の使用量が大きい程，このグラフはより尖った形状となる。

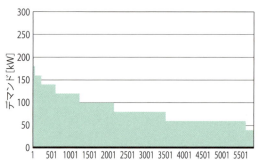

図3・13 年間の1時間値の電力ピークを降順に並び替えた事例（ソート・グラフ）

この事例では，ピークの5時間分の負荷が現れないように，建物の使い方や設備の運転を工夫することによって，年間を通じて40～50 kW の契約電力を削減できる。

このように，電力量のピークの発生パターンを分析し，極端に電力使用量が多い時間帯を特定することで，過大に契約電力規模を設定していないか，また，非効率にエネルギーを利用していないかどうか評価することができる。

ピーク電力を抑制するにあたっては，ピーク電力使用量を何段階かにレベル分けして，その利用パターンを分析する。熱源や空調等の大型機器については，理論上はすべてを分析するほうが正確ではあるが，動力負荷が卓越していると推察される場合には，動力負荷に焦点をあて

てグラフ化し，大略の傾向を把握するのも一つの方法である。

照明やコンセント等の電灯負荷に関してピークグラフを作成すると，建物の利用特性がより詳細に把握でき，むりむだを発見し，エネルギー使用量を削減することが期待できる。

(3) 電力使用量のモニタリングデータを活用したデマンド予測

ビル用マルチエアコンや熱源の電力使用量やエネルギー使用量を把握できていれば，次のような分析も可能である。

図3・14と図3・15は，個別分散エアコン（ビル用マルチエアコン）について電力量のモニタリングを行い，電力デマンドの予測・実績を行った事例である。

これらの図は，DL-Kビル，Iビル，Lビルの3建物の365日の日合計熱負荷と，同日の単位面積当たり最大熱負荷の相関を分析している。冷房時の相関係数＝0.92，暖房時の相関係数＝0.71である。冷房デマンドは相関係数が高いので，延床面積当たりの日合計冷房熱量をもとに相関式を用いてピーク電力量を予測することも可能である。

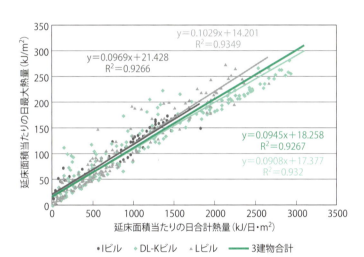

図3・14 延床面積当たりの最大熱量と日合計熱量の相関関係（冷房）

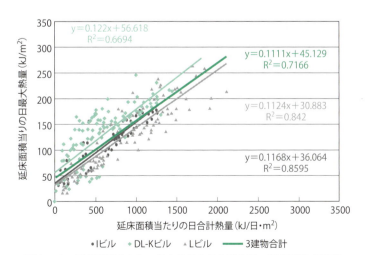

図3・15 延床面積当たりの最大熱量と日合計熱量の相関関係（暖房）

3-5
ビル用途別の電力使用量の特性を知る

　図3・16左図は，年間を通じて，年間の1時間当たりの電力使用のソート・グラフを描いたものである。また，右図は，それぞれのグラフで最も左側の棒が記された日付，すなわち最大電力使用量を記録した日の電力ピークの発生傾向を時間別グラフに描いたものである。

　これら2種類のグラフをもとに，電力ピークの現れ方を整理すると，約120棟の測定事例より，6つのパターンを見出すことができた。

　図3・16の①は，電子計算機ビルであり，多数のコンピュータが使用されている。常時大量の電力が使用されているため，ソート・グラフは高原状を呈している。また，時間別グラフでも，夜間電力の電力使用量と日中使用量の差は小さい。ベースとなる電力消費を抑制する方策が，省エネルギー上主眼となるべきことがわかる。

　図3・16の②は，大型ホテルの事例であり，ソート・グラフの勾配は緩く，時間別グラフをみると，チェックアウト前の午前中，夜間のピークを抑制する必要があることがわかる。

　図3・16の③は，自社オフィスビルの事例である。時間別グラフをみると，ピーク電力は抑制されているタイプのもので，とくに大量にピーク電力が発生している時間帯はない。ソート・グラフをみると，多使用の傾向が現われるのは年間では限られた時間帯であることがわかる。

　図3・16の④は，テナントオフィスビルで，時間別グラフを見ると，とくにピーク差が大きい時間帯がある。また，ソート・グラフの勾配も大きい。特定の日付や時間の負荷を制御できれば，ピーク電力を減らして，エネルギーのむだを省ける可能性が高い。

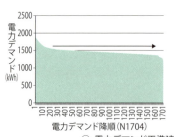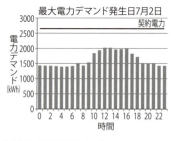

① 電力デマンド平準建物（ビルNo10 電算センター）

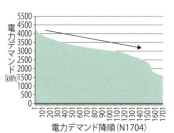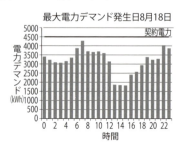

② 電力デマンドが緩やかに右下がり建物（建物No6 大型ホテル）

＊電力デマンド降順グラフの横軸は，測定した1時間デマンドを示す。
図3・16 電力使用量の年間ソート・グラフ（左図）および最大電力使用日の時間別電力デマンド（右図）(1)

図3・16の⑤は，研修施設の事例であり，ソート・グラフ，時間別グラフとも利用時間帯によって電力ピークの発生の仕方がまちまちである。利用していない日や，時間帯が多く，ピークを抑制するには平均的な利用や，利用時間帯に伴わないでエネルギーを使える蓄電や蓄熱等を利用したシステム構成への変更が考えられる。

図3・16の⑥は，夜間蓄熱システムを利用している商業施設の事例で，時間別グラフをみると午後に電力ピークが発生している。夜間に電力使用量をずらせば，契約電力を抑えられる可能性がある。

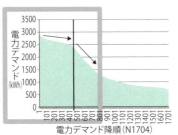
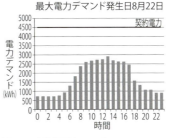
③ 最大電力デマンド抑制建物（建物No7 自社使用オフィス）

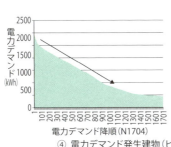
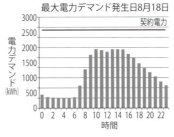
④ 電力デマンド発生建物（ビルNo27 テナントオフィスビル）

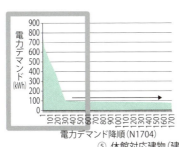
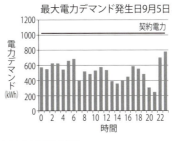
⑤ 休館対応建物（建物No23 自社研修施設）

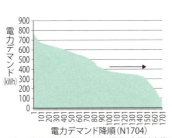
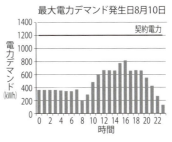
⑥ 夜間電力デマンド平準化建物（建物No19 蓄熱システムを有する大型商業施設）

図3・16 電力使用量の年間ソート・グラフ（左図）および最大電力使用日の時間別電力デマンド（右図）(2)

3-6 エネルギー使用量の季節パターンを診る（研究棟，オフィス利用の事例）

月別のエネルギー使用量は，電力会社が設置しているアナログ式電力量計，特高受変電電力計を用いてデータを得ることができる。こうして得られた月別の使用量データは，エネルギー使用量を診るうえで，多くの示唆を得ることができる。

例えば，図3・17に示した事例では，使用エネルギーの99.9％は電力で得られていること，冬期は1月に電力ピークが発生していることが読み取れる。

さらに，子メータや，インターネットを用いたセンサーネットワークを用いると，系統別の変動も分析できる。例えば，図3・18に示した事例（研究棟，主にオフィス利用）では，電灯は季節間変動がみられない。一方，動力の利用は，電気空調のため，冬期に多くなっている。照明負荷が季節を通じて変化していないことは，昼光を活用した照明制御を実施すれば，使用エネルギー量を減らせる余地があることを示唆している。

この事例で電力の1時間ピークをソート・グラフに作成してみたところ（図3・19），年間を通じて冬期に電力ピークが発生していること，電力使用量の上位7時間を抑制しただけで，契約電力を40 kW 抑制することが可能であることがわかった。こうした分析により，実効性のある光熱費の抑制ができることが期待される。

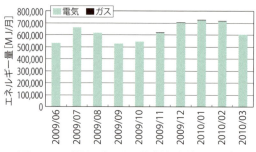

図3・17　月別エネルギー消費量（電気・ガス）（2009／06〜2010／3）

図3・18　月別電力使用量（電灯・動力）（2009／06〜2010／3）

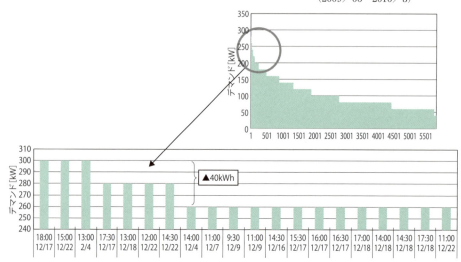

図3・19　1時間電力使用量のピーク順グラフ（12月）

3-7
照度制御による省エネルギーの効果を検証する（コンビニエンスストア照明の事例）

インターネットを用いたセンサーネットワークを活用することで，図3・20上図に示すようなPDCAサイクルにより，環境状況をセンシングしつつ，快適性を維持しながら省エネ策を継続的に実施していくことができる。

図3・20下図は，コンビニエンスストアの窓際に照度センサーを設置して，天空光を利用して照度を得ることで人工照明使用を制御し，PDCAサイクルで電力使用量を削減していく事例である。この事例では，通常は，70%程度の照明制御を実施しているが，照度設定を変化させ，人工照明の使用を抑制した場合，どの程度の電力量が削減できるかを検証した。図3・21は，照明の電力使用量と照明制御の状況である。照度制御なしの場合，電力使用量は午前中に40.3 kWhであるが，照度70%で34.0 kWhとなり，照度50%（850 lx程度）になると23.0 kWhまで削減できることがわかった。照度センサーを用いた分析結果では，昼間は50%程度の照度でも十分な明るさを確保できることがわかった。

一般に建物の方位や，開口部（窓の高さや大きさ）の種類によっても店内照度は異なるが，

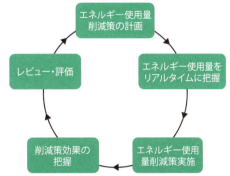

図3・20 PDCAサイクル（上図）による照明制御のための電力計測ポイント（下図）

以上述べたような試行と計測を繰り返すことで，1週間程度で照度測定による人工照明の制御効果を検証しつつ，合理的な照度調整ができると考えられる。

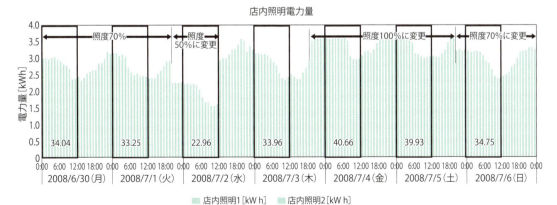

図3・21 電力計測データを活用した，照度調整と店内照明電力の関係分析事例
（分析データ：08年06月30日（月）〜07月06日（日））

3-8 事務所ビルのエネルギー性能を診る（オフィスビルの事例）

省エネルギーやエネルギー管理を実施するためのモニタリングは，測定箇所数に応じて計測費がかかることから，一般的には省エネルギーと経済的効果が期待される範囲を選定し計測することが望まれる。

モニタリングによるデータの価値は，エネルギーのむだの発見のみならず，①機器やシステムのエネルギー効率の最適化，②エネルギー使用量の削減（CO_2削減）および経済的価値，③建築・建築設備の長寿命化（故障，劣化，不具合等の発見），④運用にあった設備システムへの更新など将来の建築設備投資の最適化などに利用できることにある。

(1) 事務所ビルの運用改善と計測箇所の関係を知る

計測箇所と想定される効果について，オフィスビルの事例を表3・2に示す。計測結果により運用改善を行い，省エネルギーが見込める。モニタリング項目ごとに評価基準を設定すれば，省エネルギーに対する改善度を評価できる。

(2) 計測箇所は必要に応じて追加する

実際の施設では，省エネルギーを実施するための計測箇所が不足している場合が多い。

省エネルギーのためだけでなく，快適性・機能性・利便性ほかの総合的な性能に関しても同時にデータを収集できれば，快適性や知的生産性を維持向上しつつ省エネルギーすることも可能である。

表3・2 モニタリング項目の選定と見込める改善項目の関係性（オフィスビルの事例）

		項目	主計測内容	改善を期待できる内容
エネルギーのむだを判断できる項目	空調	空調機器の最適運転状態・運転時間	空調機器の状態，風量	空調運転の最適化
		空調消費エネルギー	空調運転エネルギー／屋内外機消費エネルギー	空調エネルギーの最適化／空調の高効率化
		冷暖房効率，空調システム効率	冷暖房・空調COP	冷暖房・空調の高効率化
	照明	照明エネルギー量	照明の消費電力	照明消費電力の抑制
	コンセント	コンセント電力使用量	内部負荷消費電力	コンセント負荷の抑制
	搬送	送水温度，返水温度，搬送動力	ポンプ動力（流量），往返温度	搬送動力の低減
	熱源	熱源の運転状態・消費エネルギー	機器の発停，運転動力	熱源機器運転の最適化
	蓄熱	蓄熱量	蓄熱可能容量，熱利用量	蓄熱の最適利用
エネルギー収支が判定できる項目	エネルギー	各種エネルギー使用量，ピーク使用量（電気，ガス，DHC，蒸気，発電）	受電電力量計，動力・電灯電力量，ガス消費量，温水，冷水，蒸気消費量計	各種エネルギー使用量と契約電力との関係
	上水	上水使用量	給水量水器，給水温度	上水使用量
	中水	中水使用量	中水量，雨水量	中水使用量
	井水	井水使用量	井水量	井水使用量
デマンドの特徴を把握できる項目	エネルギー	時間帯別エネルギー消費量，月別／季節別エネルギー使用量	受電電力量（電灯・動力）	電力使用量パターン，最大使用量，夜間待機電力
	上水	時間帯別上水（中水，井水）消費量	給水量水器，給水温度	時間別利用パターン
	設備	設備別エネルギー消費量	中水量，雨水量	設備別使用量
	用途	用途別エネルギー消費量	井水量水器	用途別使用量

室内環境の変化が把握できる項目	発電	太陽光発電量,自家発電,コージェネ他	電力計,熱量計	発電量・熱量と効率
	空調	適正室内設定温度,適正温湿度	室内温度・湿度	空調の最適化
	換気	適正換気量	換気風量,CO_2濃度	外気量の最適化
	照明	適正照度	照度計	照度の最適化
	運用	建物利用者の在不在時間帯	出退室,CO_2濃度	利用効率の最適化
外部環境の変化が把握できる項目	日射	日量	日射計	日射抑制・利用
	外気	外気温湿度	外気温湿度計	外気利用の効率UP
	外気	風量・風速	風量・風速	外気利用の効率UP
	雨水	降雨量,雨水利用量	雨水使用量	雨水利用

(3) 計測箇所の選択と省エネルギー効果を把握する

計測による「見える化」,および制御方法の改善を中心に実施した事例での経験知を踏まえ,とくに効果が高かった内容を示す(表3・3参照)。

自動警報メール,自動改善メールにより,中央監視による運転スケジュールの変更,運転方法の変更,改善アクション等を行うことにより,ほとんどの建物で5~10%のエネルギー削減効果を実現している。また,大きな改修をしなくとも,小設備改善のみを行って最適制御を導入した場合で,10~15%程度の削減が可能であった。

表3・3 計測による省エネルギー改善効果,制御範囲の関係

モニタリングポイント	制御内容	エネルギー削減効果
受電電力,電灯,動力	エネルギーの「見える化」を実施。使い勝手や運用のむだをなくす。	全体エネルギー量の1~3%程度削減
同上	計測による運用改善(自動警報メールなどを活用した場合でエネルギー管理者は不在)	全体エネルギー量の3~5%程度削減
熱源の送水往返温度,運転状態	熱源システムに関する運転改善による省エネ効果は ・運転時間の最適化 ・送返水温度の最適化 ・送返水温度差の最適化	熱源エネルギーの5~15%程度削減
熱源COP(熱源供給エネルギー量,ポンプ動力)	熱源の高効率運転 ・運転効率管理	
室内温湿度	室内温湿度の最適化	空調エネルギー量の3~5%削減
外気温湿度	中間期の最適空調運転	中間期の空調ファン動力の30~50%削減
室内CO_2濃度	外気量の最適化 ・換気ファン発停制御 ・小人員時間の換気量の差期限 ・外気空調制御	空調エネルギー,換気エネルギーの5~15%削減
屋内照度	適正照度に変更 ・照明灯数の削減 ・昼光利用	照明エネルギー5~15%程度削減
空調ファン運転状態	空調運転時間の最適化	空調エネルギーの3~5%削減
換気ファンおよび全熱交換器の運転状態	・機器の発停制御 ・ファン風量の多段制御 ・機器インバーター制御	換気エネルギーの3~8%削減
ビルマルチ空調機(発停,温湿度,風量制御)	空調運転時間の最適化 室内温湿度の最適化 ・機器の発停制御 ・室内機ファン風量制御	空調エネルギーの3~8%削減
熱源運転状態(発停信号)	・熱源の運転制御 ・熱源の予冷制御	熱源エネルギーの5~10%程度削減
熱源ポンプ	・熱源ポンプインバーター制御	搬送エネルギーの5~10%程度削減
在室人員用(赤外線センサー他)	・運転時間の適正化 ・照明の部分点灯	照明負荷の3~5%程度削減
	上記合計	全体エネルギー8~20%削減

注 1) 表3・3の削減量の算出は,機器,システムおよび運転状況によって効果にはばらつきがあるが,実施例の実績より平均化した。
2) モニタリングと制御の事例では,表3・3のすべての建物でモニタリングと最適化制御を行ったわけではなく,建物の状況に応じて対策を講じたため,合計は,省エネルギーのための対策を部分採用した場合の平均を示す。

3-9 小売商業の快適性・エネルギー性能を診る（コンビニエンスストアの詳細事例）

コンビニエンスストアなど，小売商業にセンサーを設置し，快適性とエネルギー性能を診るプロセスを以下のように整理できる。

(1) 小売商業店舗における計測事例

事業者にとって，導入は経済的効果とのトレードオフは重要である。そこで，小売商業店舗における事例では，図3・22のようなプロセスでセンサーを設置し計測した。

(2) 小売商業店舗における計測と制御の効果事例

図3・23は，小売商業店舗（24時間商業店舗）における計測・制御システムを導入し，むだの発見と最適化制御を図ったプロセスの事例である。これにより省エネルギーの効果が得られた。このような運用改善のプロセスは，一般の店舗建築にも応用可能である。

センサー設置前

計測目的の確認
- 実態のエネルギー消費量の詳細な把握
- むだの発見
- 削減目標の設定 （例：店舗の省エネルギー目標2006年比率10%削減）

センサーの配置計画（テスト設置）

計測箇所の選定
- 主要なエネルギーと電力量
- 各機器の運転状態，設定の確認
- 室内環境（各エリアの室内温湿度，上下温度差，棚下・通路照度）の確認
- 要冷ケース冷却温度の把握
- 在室人員の把握（出入口センサー，POSデータ）
- 主な外壁温度，内壁温度，窓面温度
- 外気温湿度，外部日射量

費用対効果の予測

センサー設置の費用対効果予測

センサー設置とデータ取得

モニタリングによるデータの見える化

（むだ発見プロセスへ）

図3・22 計測目的に最適なセンサーの設置プロセス

むだの発見

エネルギー多消費機器，利用時間帯，運転パターンの発見

改善方策の立案

運転制御による運用改善と改善効果の予測
- 年間を通じた季節別の改善方策の立案／昼間・夜間・ピーク時間の改善方策の立案
- 設備機器別の改善方策
- 設備システムの改善方策
- 建築断熱・気密性能・空間・レイアウトの改善方策
- 運用者の運転方法や運用状況の不具合の改善

運用改善の実施（運用改善プロセスへ）

設定値，運転方法の見直し，全体エネルギーの3～5%削減

運用改善効果の確認

最適化制御導入計画（効果の予測）

制御用センサーの確認

センサー設置位置，センサー数の最適化

制御方式の選択

制御方式，制御パターンの選択・組合せ

最適化制御の選択・導入

制御結果の確認
全体エネルギーの10～15%削減

図3・23 むだの発見と最適化制御へのプロセス

(3) 電力使用量の計測（事例）[1]

図3・24は，設置された電力センサーより随時データセンターにデータを送信蓄積し，見える化した事例である。エネルギー使用量の変化をタイムリーに把握できる。図3・24からは要冷機器電力量（約60％），照明電力量（約12％），空調電力量（約10％）が読みとれる。

図3・25～3・30は，用いたセンサー類を示している。各回路と全体の電力量（図3・25）を計測しつつ，各エリアの室内温湿度を計測（図3・26）し，各空調機器等の運転制御を行っている。また，室内のCO_2濃度を測定し，換気状況を把握している（図3・27）。図3・28は，窓表面，外壁・表面温度センサーであり，建築の断熱性能を把握している。図3・29は，外気温湿度センサーである。図3・30は店内照度センサーであり，自然光と照明環境状態を観測している。

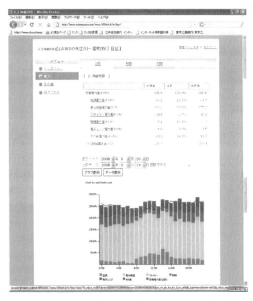

図3・24 見える化の画面（Webサービス）の事例

図3・25 電力量計測センサー

図3・26 計測・制御システム

図3・27 CO_2濃度センサー

図3・28 窓，外壁等の表面温度センサー

図3・29 外気温湿度センサー

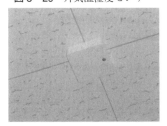

図3・30 天井面に設置された照度センサー

---
1) 製品情報及び資料　朝日機器株式会社，株式会社エービルシステム設計開発：東京大学生産技術研究所馬郡研究室監修

索　引

あ
赤水 …………………………… 112
アナログ式電力量計 …… 148, 160
雨漏り ………………………… 68
アンダーカット ……………… 86
アンビエント（部分照明）…… 57

い
異常負圧現象 ………………… 91
移流（対流）………………… 18
色温度 ………………………… 58
インターネット ………… 149, 150

う
雨水排水処理 ………………… 69
内断熱 ………………………… 21
内窓導入 ……………………… 23
運用改善 ………………… 162, 164

え
エコウィル …………………… 106
エコキュート …………… 103, 106
エコジョーズ …………… 103, 106
X線調査 ……………………… 134
エネファーム ………………… 106
エネルギー消費効率 COP …… 103
エネルギー使用量 ……… 146, 147, 150, 160
エネルギー使用量原単位 …… 151
エネルギーの見える化 ……… 145
エネルギーのむだ …………… 162
APF（通年エネルギー消費効率）…………… 84
演色効果 ……………………… 58
演色性 ………………………… 53

お
屋上緑化 ……………………… 25
音環境 ………………………… 64
音の大きさ …………………… 64
音の周波数 …………………… 64
音の強さ ……………………… 64
オフィス ……………………… 40
温度差換気 …………………… 47
温度分布 ……………………… 40

か
外観 …………………………… 54
開口部 …………………… 22, 66
快適温度 ……………………… 18
快適指数 PMV（Predicted Mean Vote）…………………… 40
外皮 …………………………… 20
外皮性能 ……………………… 28
外皮平均熱貫流率 ……… 24, 29
外壁 …………………………… 54
外壁ルーバー ………………… 27
架橋ポリエチレン管 ………… 112
各室換気方式 ………………… 92
ガス漏れ警報器 ……………… 105
カビ …………………………… 44
換気 …………………………… 46
換気システム ………………… 46
環境温度 ……………………… 19
換気量 ………………………… 47
管端防食継手 ………………… 112
管トラップ方式 ……………… 129
看板 …………………………… 63

き
機械換気 …………………… 46, 48
季節パターン ………………… 160
輝度 …………………………… 53
揮発性有機化合物 …………… 72
揮発性有機化合物（VOC：Volatile Organic Compounds）…… 50, 72
気密 ……………………… 31, 36
気密性 ………………………… 22
気密ライン ……………… 30, 31
逆サイホン作用 ……………… 94
逆・転写 ………………… 7, 8, 147
給湯能力（号数）…………… 102
共創 …………………………… 8
局所換気 ……………………… 86
気流分布 ……………………… 40

く
空気循環 ……………………… 71
空気線図 ……………………… 42
空気伝播音 ……………… 67, 122
偶発故障期間 ………………… 83
グレア（輝度）……………… 53
クロスコネクション ………… 94

グローブ温度 ………………… 19
グローブ温度計 ……………… 19
クロルピリホス ……………… 50

け
計画耐用年数 ………………… 83
経済的耐用年数 ……………… 83
軽量衝撃音 …………………… 65
結露 …………………………… 42
玄関 …………………………… 34
玄関扉 ………………………… 35
玄関土間 ……………………… 34
健康影響 ……………………… 44
検針票 ………………………… 153
顕熱負荷 ……………………… 24

こ
高圧電力メータ ……………… 150
降雨強度〔mm/h〕…………… 69
工業用内視鏡カメラ ………… 36
光色 …………………………… 58
光束 …………………………… 52
高置水槽方式 ………………… 108
高日射反射率塗料 …………… 54
小売商業店舗 ………………… 164
固体音－衝撃音性能等級（L値）………………… 65
固体伝播音 ……………… 67, 122
子メータ ………………… 148, 160
コールドドラフト ……… 23, 38
コンセント ……………… 30, 60
コンビニエンスストア …… 63, 161

さ
最適化制御 …………………… 164
サイホン排水方式 …………… 129
先分岐方式 …………………… 103
サッシ …………………… 22, 32
さや管ヘッダ方式 …………… 103
作用温度 ……………………… 19
3次元スキャニング ………… 36
残留塩素 ………………… 80, 94

し
CO_2濃度 ……………… 47, 49
自己サイホン作用 …………… 101
自然換気 ……………………… 46

自然光 …………………………… 165
C 値 …………………………………… 31
室間平均音圧レベル …………… 66
シックハウス ……………………… 50
シックハウス症候群 ……………… 50
シックハウス対策 ………………… 86
室内濃度指針値 ………………… 51
視認性 ……………………………… 63
地盤沈下 …………………………… 70
事務所ビル ……………………… 162
遮音 ………………………………… 64
遮音性能 ……………………… 64, 66
遮音性能等級（D 値）…………… 65
遮音等級線 ………………………… 67
社会的耐用年数 ………………… 83
住宅のエネルギー使用量 …… 152
重量衝撃音 ………………………… 65
ショーウィンドウ ………………… 62
省エネ基準 ………………………… 28
省エネルギー …………………… 163
使用価値 …………………… 3, 5, 6
上下温度差 ………………………… 40
照度 …………………………… 52, 58
照度均斉度 U_o …………………… 52
照度制御 ………………………… 161
照明 …………………………… 56, 58
照明環境 ………………………… 165
照明灯数 …………………………… 56
初期故障期間 ……………………… 83
植栽 ………………………………… 25
シロアリ …………………………… 50
人感センサー ……………………… 57
真空断熱 …………………………… 35
伸頂通気方式 …………… 110, 120

す
水銀 ………………………………… 73
水質 ………………………………… 68
推定残存寿命 …………………… 135
すき間 ……………………………… 30
ステンレス配管 ………………… 112
ストックの時代 …………………… 5
ストック・フロー比率 …………… 4
スマート・エネルギー・マネジメント …………………………… 145

せ
生活排水 …………………………… 68

赤外線カメラ ……… 19, 30, 33, 55
接触式表面温度計 ……………… 19
節水型便器 …………………… 81, 98
センサー ………………… 147, 164
センサーネットワーク … 149, 150
潜熱回収型給湯器 ……… 106, 125
全熱交換換気扇 ………………… 88
潜熱負荷 …………………………… 24
全般換気 …………………………… 86

そ
騒音 ………………………………… 64
総揮発性有機化合物（TVOC）… 51
相対湿度 …………………………… 40
粗集器 …………………………… 100
外断熱 ……………………………… 21

た
第一種換気 ………………………… 48
ダイオキシン ……………………… 73
耐火二層管 ……………………… 113
体感温度 …………………………… 18
第三種換気 ………………………… 48
第二種換気 ………………………… 48
タイルの劣化 ……………………… 55
多室換気方式 …………………… 92
建物の熱負荷 …………………… 24
ダブルスキン ……………………… 25
単管式排水システム …………… 120
断熱 ………………………………… 36
断熱ガラス ………………………… 22
断熱性能 ……………………… 20, 35
断熱層 ……………………………… 39

ち
地下水活用 ………………………… 69
地下水水質 ………………………… 70
地下水熱 …………………………… 71
地下水の利用 ……………………… 70
地中熱 ……………………………… 71
超音波肉厚調査 ………………… 134
超節水型便器 ……………………… 98

つ
通気層 ……………………………… 43
通気立て管方式 ………………… 120
月別の使用量データ …………… 160

て
ディスポーザ …………………… 111
適正外気量 ………………………… 49

デマンド予測 …………………… 157
電気温水器 ……………………… 103
転写 ………………………………… 7
天井裏 ……………………………… 49
電力使用量 ……………… 155, 158
電力使用量の特性 ……………… 158
電力量計 ………………………… 150

と
特高受変電電力計 ……… 148, 160
特高受変電電力計データ …… 154
特定有害物質（25 物質）……… 72
土壌汚染 …………………………… 72
土壌汚染対策法 ………………… 73
吐水口空間 ………………………… 95
ドレン処理 ……………………… 124
ドレン配管 ………………………… 85

な
内視鏡調査 ……………………… 134
内部結露 …………………………… 43
鉛 …………………………………… 73

に
二管式排水システム …………… 120
24 時間換気 ……………………… 86
日射遮熱性能 ……………………… 20
日射遮蔽効果 ……………………… 25
日射取得 …………………………… 26
日射反射率 ………………………… 54
日射抑制 …………………………… 26
日射利用 …………………………… 26

ね
熱貫流率 …………………………… 24
熱線風速計 ………………………… 87
熱損失係数 ………………………… 29
熱伝導 ………………………… 18, 71
熱負荷 ……………………………… 24
熱負荷抑制効果 ………………… 24
熱放射 ……………………………… 18
年間熱負荷係数 ………………… 28

は
配管採取（抜管）調査 ………… 134
ハイサイドライト ………………… 26
排水管清掃 ……………………… 126
排水ヘッダ ………………………… 81
排水用特殊継手方式 ………… 120
バキュームブレーカ …………… 95
バスタブ曲線 ……………………… 83

発泡断熱材 …………………… 37
バルコニー ……………………… 38
反射光束（反射エネルギー）… 54
半密閉燃焼方式 ……………… 104

ひ
BF 風呂釜 …………………… 102
光庭 …………………………… 26
ピーク電力 …………………… 156
ピーク電力の発生時間 ……… 154
ピーク電力量 ………………… 155
庇 …………………………… 24, 34
非接触表面温度計 ………… 19, 33
必要換気量 …………………… 47
ヒートショック ……………… 40, 93
ヒートパイプ ………………… 71
ヒートブリッジ …………… 34, 38
ヒートポンプ給湯器 ………… 107
ヒートポンプシステム ………… 71
標準管理規約 ………………… 116
費用対効果 …………………… 164
表面温度 ……………… 33, 34, 55
表面結露 ……………………… 42
ビルディング・サービス
　（building services）………… 1
ピロティ ……………………… 38

ふ
VOC …………………………… 51
封水深 …………………… 80, 100
負荷カーブ …………………… 154
吹抜け空間 …………………… 38
物理的耐用年数 ……………… 83
フロー（新築）の時代 ………… 5
フロートボール式トラップ … 101

へ
平均温度 ……………………… 40
平均日射熱取得率 …………… 24
平成 25 年省エネ基準 ………… 20
壁体内結露 …………………… 44
ヘッダさや管工法 …………… 112

ほ
防湿層 ………………………… 43
放射温度 ……………………… 40
放射環境 ……………………… 40
放射束 ………………………… 52
防水継手 ……………………… 121
飽和水蒸気圧 ………………… 42
飽和水蒸気圧線 ……………… 42
ポリブテン管 ………………… 112
ホルムアルデヒド
　（Formaldehyde）…………… 50
ポンプ直送方式 ………… 108, 110

ま
マイコンメータ ……………… 105
窓 ………………………… 22, 32
摩耗故障期間 ………………… 83
マルチエアコン ……………… 109
マンション管理標準指針 …… 117

み
水環境 ………………………… 68
水循環 ………………………… 71
水漏れ ………………………… 68
密閉燃焼方式 ………………… 105

む
むだの発見 …………………… 164
むりむだの原因発見 ………… 151

も
モニタリングデータ ………… 157

や
夜間蓄熱 ……………………… 159
夜間電力デマンド …………… 159
屋根 …………………………… 54
屋根の断熱 …………………… 38
屋根表面温度 ………………… 28

ゆ
有効換気量 …………………… 90
誘導サイホン作用 …………… 101
床下 …………………………… 36
床衝撃音対策等級 …………… 66
湯待ち時間 …………………… 130

よ
抑制 …………………………… 26

ら
ライトウェル ………………… 26
ライトコア …………………… 26
ライトシェルフ ……………… 27

り
リアルタイム・データモニタ
　リング ……………………… 149

る
ルーバー ……………………… 24

れ
冷媒管 ………………………… 124

ろ
漏気 …………………………… 33
漏気量 ………………………… 22
6 面点検 ……………………… 95
露点 …………………………… 42

付録　診断用計測機器リスト

No.	測定器（診断対象）	外観写真	主な特徴	簡易診断	簡易専門診断	専門診断
1	非接触温度計 （表面温度測定）		表面温度を瞬間測定できる非接触温度計	○		
2	アスマン通風乾湿計温度計		小型の場合は，正確な計測ができる比較的安価な計測器である。アスマン温度計に比べて小型なため，持ち運びがしやすい。デジタル温度計等と一緒に計測に利用する場合には便利。$-30 \sim +50℃$（0.5℃）の範囲で計測が可能，計測温度は，他のデジタル式の温湿度計のキャリブレーションに利用できる。		○	○
3	デジタル温湿度計 （室内温湿度）		持ち運びしやすい薄型カードタイプのデジタル温湿度計。最高値・最低値の自動メモリー機能付き。 外部読みより装置付きでPCに読み込めるものもある。	○		
4	デジタル温度計		2か所の温度を同時に時系列に記録ができる。温度データロガー（センサ内蔵・外付）$-40 \sim 110℃$（付属センサ）$-60 \sim 155℃$	○	○	
5	接触型表面温度計		温度計を直接計測したい面に当てて計測する。計測したい対象物の正確な位置をピンポイントで計測できる。	○	○	
6	サーモカメラ 小型サーモカメラ （温度分布の画像計測）		熱の分布が把握できる。 建築空間では，ある程度広い範囲も撮影可能な機種が望ましい。	○ （小型）	○ （本格）	○ （本格）
7	騒音計 （騒音・振動の計測）		簡易なものは騒音値デシベル（dBA）を計測。 高性能機種は，選択された時間重み特性および周波数重み特性を計測。 A特性，C特性，Z特性ピークサウンドレベル等を計測。	○ （簡易）	○ （本格校正）	○ （本格校正）

No.	測定器（診断対象）	外観写真	主な特徴	簡易診断	簡易専門診断	専門診断
8	照度計（照度の計測）		デジタル照度計，機種によって記録，外部出力機能などがある。照度をルクス（lx）で表示。	○（簡易）	○（本格校正）	○（本格校正）
9	輝度計（グレアの計測）		光器や蛍光灯など，ライトの明るさ測定に利用できる。		○（本格校正）	○（本格校正）
10	風速計（室内風速，ダクト換気量等の計測）		ダクトからの風速・風量など室内環境測定に最適なポータブル型の風速計・風量計。同時に温度や湿度，圧力が計測できるものもある。	○（簡易）	○（本格校正）	○（本格校正）
11	CO, CO_2 計		ビル管理に欠かせないCO（一酸化炭素），CO_2（二酸化炭素）を計測する。温度，湿度を同時計測するタイプや換気率を算出できるタイプもある。高価なものは，計測データをパソコンへ直接転送できる。	○（簡易）	○（本格校正）	○（本格校正）
12	ホルムアルデヒド計（室内のホルムアルデヒド濃度を計測）		検知管を利用して室内空気よりホルムアルデヒド濃度を計測する。他のVOC等の有機化学物質も計測できる。	○	○	○
13	TVOC計（揮発性有機化合物の室内空気濃度の計測）		VOCを触媒で酸化分解し，検知管で二酸化炭素濃度として測定するので，公的測定法に準じた炭素換算濃度（ppmC）が得られる。操作はVOC分解装置に捕集バッグと検知管を接続した後，ガス採取器のハンドルを引くだけである。誰でも簡単に測定することができる。VOC分解装置は小型で持ち運びにも便利である。ジクロロメタン等のハロゲン系VOCの測定はできないので，VOC型検知管を使用。		○	○

付　録　173

No.	測定器（診断対象）	外観写真	主な特徴	簡易診断	簡易専門診断	専門診断
14	臭い計測器		ニオイセンサーで計測した数値を基に「臭気指数」を計算して「00」から「40」の数値で表示。専門的な機器はニオイの強弱をデジタル数字で即時表示し，データメモリ機能で測定値がパソコンに取り出し可能。「レベル表示」と「臭気指数（相当値）表示」に切り換え等ができるものもある。		○	○
15	ガス漏れ警報器		都市ガスやLPガスなどの漏れ検知。エアコンなどの冷媒用フロンガスの漏れ検知，屋内配管，ガス栓，ゴム管，配管の継目などに利用。			○
16	超音波厚さ計（板厚，配管厚さ）		配管や板材等の厚さを非破壊で計測できる。金属：鋼，アルミ，銅，黄銅，チタン，非金属，樹脂など，計測器によって対象が異なる場合がある。計測可能な厚さも計測器によって異なるので，診断対象を考慮して選ぶとよい。		○	○
17	工業用内視鏡		配管，ダクトや入って行けない狭い場所を画像によって把握できる。機器によって専門性が異なり，利用条件が異なる。		○	○
18	管内検査カメラ		配管の検査，点検用。機械部品内やパイプ内の点検用。		○	○
19	漏水感知器		水道管等の圧力管路の調査・診断，配管の漏水検査，点検用。			○

No.	測定器（診断対象）	外観写真	主な特徴	簡易診断	簡易専門診断	専門診断
20	X線配管診断		亀裂，鋼材やアルミニウムなどの鋳造品の非破壊検査，配管等の非破壊検査に利用。		○	○
21	ポイントマイクロメーター		精密機械等の寸法の測定，管内の肉厚測定，紙の厚さの測定などに利用。	○	○	○
22	衝撃弾性波検査ロボット TVカメラ検査ロボット		下水道内，排水管内の調査，長寿命計画策定，更生工法検討などに利用。			○

あ と が き

　ストック時代だからとリフォームに舵をとりながらも，依然として新築中心の考え方で営んできた建築業界も，どうやら，やっとストックに腰を落ち着けて，これからは真剣に建築と向き合い，これを見つめ直し，使い続けることを考えるべき時代が来たように思います。

　世の中には物理的に老朽化した建物だけでなく，時代の様相や生活の価値観もめまぐるしく変わり，造られたときと今とでは，大きくギャップが生じた建物が，沢山残されています。これらをもう一度見つめ直して，今様に修復しようとすると，実務に参考になる資料が余りに少ないことに気がつきました。新しい建物ばかり手がけてきた建築技術者も，古いものを快適性の高い，魅力ある建物に作り替える実務的技術を習得することが求められているのではないかと思い，本書の編修が始まりました。

　新築時には，環境の快適性をイメージして建築のデザインをした人と，同じ環境の快適性をイメージして設備の機能を設計した人がいたはずです。この両者がイメージした快適性が使い手・住まい手の目線に常に合っていることが大切なのですが，この目線が時間とともに，あるいは時代とともにズレ，快適性が損なわれているのです。これがいわゆる快適性のギャップです。このギャップを客観的に診断して，そのズレを明確にし，再設計するには，建築と設備の両面からのアプローチが必要になってきます。そのための技術情報を一冊にまとめようとしたのが本書のねらいです。

　筆者は，市ヶ谷出版社発刊の『初学者の建築講座：建築設備（大塚雅之著），：建築環境工学（倉渕隆著）』と深い関係にあります。『初学者の建築講座』が新しい建築を造るときの本とすれば，本書は，「その後の本」ということになっています。つまり『建てた後の本』ということで，建てるときの意図と，使っている"いま"の快適性のギャップを住まい手の目線に立って，「直し方を診る」本という役割をもたせました。

　3年近い時間を費やしてきましたが，当初の企画趣旨のとおりに仕上がったかは，甚だ心もとないところでありますが，これからのストック建築の活用に少しでも役に立てていただければ幸いであります。

　最後に，この本の企画から完成に至るまで，多くのご助力をしていただいた，市ヶ谷出版社の澤崎明治氏をはじめスタッフの皆さま方，そして貴重な助言をしていただいた佐藤隆良氏，鈴木信弘氏に心から御礼を申し上げる次第です。

平成 28 年 11 月　　　　　　　　　　　　　　　　　　　　　　　　　　　　　安孫子 義彦

[著者]

野城智也　Tomonari YASHIRO
　　1957 年　東京都生まれ
　　1985 年　東京大学大学院工学系研究科建築学専攻博士課程修了
　　　　　　建設省建築研究所，武蔵工業大学建築学科助教授，
　　　　　　東京大学大学院工学系研究科社会基盤工学専攻助教授などを経て
　　現　　在　東京大学生産技術研究所教授　工学博士
　　　　　　（2009～2012 年に同所長，2013～2016 年東京大学副学長を歴任）

安孫子義彦　Yoshihiko ABIKO
　　1944 年　秋田県生まれ
　　1968 年　東京大学工学部建築学科卒業。工学修士。
　　現　　在　株式会社ジエス代表取締役
　　　　　　一般社団法人　日本建築設備診断機構専務理事
　　　　　　一般社団法人　団地再生支援協会副会長
　　　　　　一級建築士，建築設備士，設備設計一級建築士

馬郡文平　Bunpei MAGORI
　　1965 年　東京都生まれ
　　1990 年　工学院大学工学研究科機械工学専攻修了
　　2013 年　東京大学大学院工学系研究科建築学専攻論文博士修了
　　現　　在　東京大学生産技術研究所馬郡研究室特任講師　博士（工学）

建築の快適性診断　──環境・設備保全の基礎知識──

2016 年 12 月 12 日　初 版 印 刷
2016 年 12 月 20 日　初 版 発 行

　著　者　野城智也・馬郡文平
　　　　　安孫子義彦
　発行者　澤崎　明治
　　企画・編修　澤崎明治　　DTP・トレース　丸山図芸社
　　編　　修　　吉田重行　　印刷・製本　　　大日本法令印刷
　　装幀・デザイン　加藤三喜

　発行所　株式会社　市ヶ谷出版社
　　　　　東京都千代田区五番町 5（〒102-0076）
　　　　　電話　03-3265-3711（代）
　　　　　FAX　03-3265-4008
　　　　　ホームページ　http://www.ichigayashuppan.co.jp

©2016 Ichigayashuppan　　　　　　　　　　ISBN 978-4-87071-129-7